LA CRISIS DE OCTUBRE
DETRÁS DE LA NARRATIVA DOMINANTE

Trabajos arqueológicos y antropológicos en las antiguas bases de misiles nucleares soviéticos en Cuba

Håkan Karlsson

Los contenidos de este libro están protegidos por la Ley. Está prohibido reproducir cualquiera de los contenidos de este libro para uso comercial sin el consentimiento expreso de los depositarios de los derechos. En todo caso, se permite el uso de los materiales para uso educacional. Para otras cuestiones, pueden contactar con el editor en: www.jasarqueologia.es

Primera edición: septiembre de 2017

© Edición:
JAS Arqueología S.L.U.
Plaza de Mondariz 6, 28029 Madrid
www.jasarqueologia.es
Edición: Jaime Almansa Sánchez
Corrección: Daniel García Raso

© Texto: Håkan Karlsson
Departamento de Estudios Históricos, Universidad de Gotemburgo,
Box 200, 405 30 Gotemburgo, Suecia
© Imágenes: Especificado en el pie

ISBN: 978-84-16725-09-0
Depósito Legal: M-25773-2017

Impreso por: Service Point
www.servicepoint.es

Impreso y hecho en España - *Printed and made in Spain*

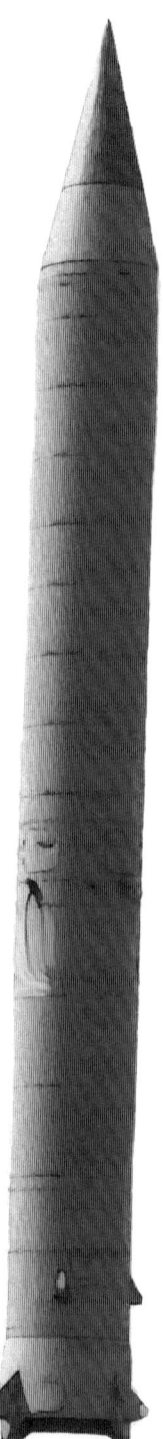

LA CRISIS
DE JUSTICIA

DETRÁS DE LA NARRATIVA DOMINANTE

HÅKAN KARLSSON

Este trabajo ha sido realizado con la ayuda de:

Adlerbertska Forskningsstiftelsen
Centre for Critical Heritage Studies, Göteborgs universitet
Humanistiska fakulteten Göteborgs universitet/Medel för lärares resor
Institutionen för Historiska studier, Göteborgs universitet
Kungl. Vetenskaps- och Vitterhets-Samhället i Göteborg

A la memoria de mi padre
Nils Karlsson 1929-2016
y
A mi esposa María
con gratitud y amor

… sentí a tu lado el orgullo de pertenecer a nuestro pueblo en los días luminosos y tristes de la crisis del Caribe.

Carta de Ernesto Che Guevara a Fidel Castro Ruz, que este último leyó públicamente el 3 de octubre de 1965, en La Habana, Cuba.

ÍNDICE

Prefacio — 1

1. Una breve introducción a la Crisis de Octubre — 5

2. Aspectos materiales de la crisis — 17

3. El proyecto *Una Crisis Mundial desde abajo* — 27

4. Los restos materiales y su reutilización — 41

5. Los recuerdos y las narraciones — 83

6. El uso de los sitios como patrimonio cultural — 129

7. Conclusión — 139

Bibliografía — 145

Prefacio

En octubre de 1962 el mundo estaba al borde de un holocausto nuclear (la Crisis de Octubre). Los antecedentes de la crisis se encuentran en las reacciones del gobierno de los Estados Unidos el 14 de octubre, cuando se instalaban los misiles soviéticos de alcance medio con capacidad nuclear en varios lugares de Cuba. A pesar de los planes militares avanzados para un ataque aéreo estadounidense seguido de una invasión de Cuba, la crisis se solucionó en el marco de un bloqueo marítimo de Estados Unidos contra Cuba a finales de octubre, seguido de un acuerdo diplomático entre Estados Unidos y la Unión Soviética. En línea con este acuerdo los misiles fueron desmantelados y retirados de Cuba en noviembre de 1962. Sin embargo, se debe notar que este acuerdo fue decidido por encima del gobierno cubano y fue visto como una forma de traición por parte de la Unión Soviética.

Durante más de medio siglo el desarrollo general y la dinámica interna de la Crisis de Octubre ha sido investigada seriamente por los historiadores en cuanto a su influencia en la política mundial durante la Guerra Fría. Las investigaciones han tenido a menudo su punto de partida en los razonamientos y enfoques estratégicos militares, la diplomacia que se resolvió, las personalidades de los líderes de las superpotencias, etcétera. Sin embargo, como una consecuencia de la siguiente repetición de la dominante narrativa de la crisis en la forma de su desarrollo y su dinámica interna, otras dimensiones de la misma a la vez han sido descuidadas y reprimidas. Este es el caso de los restos materiales en los antiguos sitios de misiles en Cuba, y con los recuerdos y narraciones que mantengan individuos que viven en los pueblos y comunidades que rodean las antiguas bases en el campo cubano. Hoy en día los restos materiales de las instalaciones de misiles todavía se pueden encontrar en estos sitios y hay numerosos recuerdos y narraciones que sostienen las personas en las comunidades que rodean.

Este libro presenta al lector una síntesis del trabajo realizado hasta ahora en el proyecto de arqueología contemporánea *Una Crisis mundial desde abajo* que durante más de una década ha fijado exactamente estas dimensiones reprimidas de la Crisis de Octubre, o sea sus restos materiales e inmateriales en Cuba. El proyecto es una cooperación entre arqueólogos suecos y arqueólogos, historiadores y antropólogos cubanos, y desde el inicio el proyecto se ha concentrado en el material que permanece en los antiguas bases de misiles nucleares soviéticas, la reutilización al material desde las bases en el campo y los pueblos que rodean los sitios, los recuerdos y narraciones que sostienen las personas y las comunidades locales sobre la crisis y las bases, y los planes por este patrimonio cultural de los museos locales. Esto para permitir la expresión «de voces de bajos perfiles» y los recuerdos y narraciones «de debajo», contribuir con dimensiones más humanas y complementarias a la crisis y a la «narrativa dominante» de la misma, y en esta manera llegar a nuevas formas de conocimiento acerca de la Crisis de Octubre. El proyecto muestra que es posible complementar y desafiar la narrativa dominante de la crisis con restos materiales e inmateriales desde este campo de batalla de la Guerra Fría.

El libro está dividido en siete capítulos, donde el primero da una breve introducción a los temas principales de la dominante narrativa de la Crisis de Octubre y el segundo presenta algunos aspectos materiales de la crisis. Estos dos capítulos dan el lector un fondo de la crisis, a la vez que la información presentada en estos capítulos, es lo que yo quiero complementar con otras historias y dimensiones en los capítulos siguientes.

El tercer capítulo contextualiza y presenta el proyecto y el texto dentro de la tradición investigadora del enfoque multidisciplinario de la arqueología contemporánea. Mientras el cuarto capítulo presenta aspectos materiales de las antiguas bases y la reutilización de su material. El quinto capítulo presenta los recuerdos y las narraciones que sostienen las personas y las comunidades locales sobre la crisis y las bases, y el sexto capítulo presenta los planes por este patrimonio cultural de algunos museos regionales. El último capítulo da una conclusión de los resultados del trabajo hasta ahora. También se observará que el material fotográfico recibe mucho espacio en la mayoría de los capítulos.

En este contexto, me gustaría agradecer a las siguientes organizaciones y fondos suecos que han apoyado el proyecto hasta ahora; *Adlerbertska Forskningsstiftelsen, Centre for Critical Heritage Studies - Göteborgs universitet, Humanistiska fakulteten - Göteborgs universitet/Medel för lärares resor, Institutionen för Historiska studier - Göteborgs universitet. Kungl. Vetenskaps- och Vitterhets-Samhället i Göteborg.* Me gustaría también agradecer a las siguientes personas que con diferentes tipos de ayuda hicieron posible este texto. Mats Burström (Universidad de Estocolmo) por su inapreciable inspiración durante la primera fase del proyecto. Anders Gustafsson (Universidad de Gotemburgo) por su incansable trabajo y su inspiración durante todas las fases del proyecto. Quiero también dar gracias a mis colegas y amigos en el Instituto Cubano de Antropología, el Instituto de Historia de Cuba, el Museo de San Cristóbal y el Museo de Los Palacios. Especialmente a Estrella González Noriega, Tomás Diez Acosta, Felina González Hernández, Ana Gloria Crespo Valdés y Gloria Miranda González por su incansable trabajo y su inspiración durante el proyecto. Doy mis gracias también a Kattis Hellberg y Javier Iglesias Camargo por haber realizado numerosas entrevistas, a Stefan Kovacs, Pedro Kovacs y Jorge Clark (La Habana) por su inapreciable inspiración y ayuda en mi trabajo. También quiero dar mis gracias a los representantes del Partido Comunista de Cuba en Santa Clara, San Cristóbal y Los Palacios por facilitar el trabajo de diferentes maneras. Al fin, quiero dar mis gracias a

María Caridad Pedroso González por repasar la lengua, a Jaime Almansa Sánchez y JAS Arqueología S.L.U. por el trabajo editorial, y a todas las personas que han presentado sus recuerdos y narraciones al proyecto, ya que sin su cooperación este texto nunca hubiera podido ser posible. ¡Estoy agradecido a todos ustedes!

La Habana el 29 del marzo 2017
Håkan Karlsson

1

Una breve introducción a la Crisis de Octubre

Imagen 1. La página principal del Washington Post el 24 de octubre.

La Crisis de los Misiles, la Crisis de Octubre, la Crisis cubana de los Misiles, la Crisis Caribeña. El acontecimiento político y militar de octubre de 1962, donde Cuba fue el epicentro, tiene diferentes nombres según sea el contexto nacional/político del escritor. A pesar de eso, la crisis fue unos de los momentos más peligrosos durante el siglo xx y de la Guerra Fría, tal vez en realidad de toda la historia de la humanidad. De repente, lo impensable, una guerra total entre los Estados Unidos y la Unión Soviética, y el holocausto nuclear que probablemente habría sido la consecuencia, fue una realidad.

El preludio de la crisis se encuentra en las agresiones de Estados Unidos contra la revolución e independencia nacional cubana. Después del triunfo de la Revolución cubana el 1 enero 1959, y con la caída del gobierno cubano encabezado por el presidente Fulgencio Batista, EE.UU. perdió su control sobre Cuba. Con la revolución se los esfuerzos del pueblo cubano produjeron una liberación del colonialismo extranjero y una independencia nacional. Esfuerzos que habían tenido lugar durante siglos. En el siglo xix contra el colonialismo español, y durante el siglo xx contra la dominancia política norteamericana y su explotación económica de los recursos de la isla. Jurídicamente, en realidad, Cuba fue una colonia norteamericana después de que EE.UU. «secuestró» el acto de liberación e independencia cubana en relación con la guerra española-norteamericana-cubana a finales de la década 1890 (Cayuela Fernández, 1993; Trask, 1996). Por eso, EE.UU. comenzó directamente después del triunfo de la revolución diferentes actividades que tuvieron el carácter de terrorismo estatal para derrocar al nuevo gobierno revolucionario cubano y a su presidente Fidel Castro Ruz (Lechuga, 1995; Diez Acosta, 2014). Las actividades se intensificaron durante los años 1960 y 1961 con un embargo de comercios (como todavía es en función), el financiamiento a bandas de mercenarios que realizaron, por ejemplo, atentados con bombas en las ciudades, la destrucción de partes de la cosecha de azúcar o los asesinatos a funcionaros revolucionarios en el campo, entre otras (ibíd.).

Imagen 2. Soldados cubanos celebran su victoria en Playa Girón.

Estas actividades fueron coronadas con la invasión a la Bahía de Cochinos, en el suroeste de Cuba, en abril de 1961 cuando un grupo de aproximadamente 1800 cubanos en el exilio, entrenados y apoyados por

Estados Unidos, intentaron aterrizar y comenzar una contrarrevolución para derrocar al gobierno revolucionario. Los invasores fueron derrotados de forma rápida por las fuerzas cubanas y la operación fue un fracaso militar y político (Diez Acosta, 2014; Jiménez Gómez, 2015). Además, la victoria fortaleció la posición del líder cubano, Fidel Castro, y a la revolución cubana, al tiempo que perjudicó aún más las relaciones entre Cuba y Estados Unidos. Sin embargo, esta agresión, y la información de que existían planes para una nueva invasión en 1962 —esta vez probablemente directamente con fuerzas militares de Estados Unidos— creó una situación donde el gobierno cubano aceptó la asistencia militar ofrecida voluntariamente por la Unión Soviética. Un acuerdo militar entre Cuba y la Unión Soviética fue firmado en septiembre de 1961, que incluyó un gran número de tropas y equipo de todas las ramas militares, y también la instalación de misiles nucleares estratégicos de medio y largo alcance en Cuba (Lechuga, 1995). La propuesta soviética de instalar misiles con ojivas nucleares en Cuba fue aceptada sin ninguna vacilación por el gobierno cubano. Fidel Castro comentó que no les gustaban los misiles, pero que su instalación, además de contribuir a la defensa cubana, fortalecería el campo socialista (Lechuga, 1995; Diez Acosta, 2002a: 94 –97. La necesidad de defender la revolución cubana contra los nuevos ataques de Estados Unidos y el mantenimiento del prestigio soviético en América Latina fueron las razones expuestas por el líder soviético Nikita Jruschov para justificar la instalación de misiles con ojivas nucleares en Cuba. Afirmó en sus memorias (Jruschov 1970: 493–494).

> Si Cuba cayera, otros países latinoamericanos nos rechazarían, alegando que, por todos nuestros medios, la Unión Soviética no había podido hacer nada por Cuba, sino hacer protestas vacías ante las Naciones Unidas. Tuvimos que pensar en alguna forma de enfrentar a Estados Unidos con más que palabras. Tuvimos que establecer un elemento de disuasión tangible y efectivo para la interferencia de

Estados Unidos en el Caribe. ¿Pero qué exactamente? La respuesta lógica fue los misiles (…) Mi pensamiento fue así: si instalamos los misiles en secreto y los Estados Unidos descubrieran que los misiles estaban allí después de que ya estaban listos para atacar, los estadounidenses se lo pensarían dos veces antes de tratar de liquidar nuestras instalaciones por medios militares.

Así, el 14 de octubre un reconocimiento aéreo ilegal de los Estados Unidos, que comenzó en 1960, descubrió lo que al día siguiente se interpretó como la construcción de sitios soviéticos de lanzamiento de misiles con capacidad nuclear en distintos puntos de Cuba. Este fue el desencadenante inmediato de la crisis. Los militares norteamericanos estaban ansiosos por lanzar un ataque inmediato y directo contra Cuba con el objetivo de deshacerse de los misiles y derrocar al gobierno revolucionario (Allison, 1994; May y Zelikow eds., 1997). Sin embargo, el presidente John F. Kennedy excluyó esta solución, ya que antes de tomar una decisión militar quiso analizar la situación e investigar las posibilidades diplomáticas. Una semana más tarde, el 24 de octubre, celebró su famoso discurso ante la nación, donde anunció el establecimiento de un bloqueo naval contra Cuba. Afirmó que:

> Será la política de esta nación considerar cualquier misil nuclear lanzado desde Cuba contra cualquier nación en el Hemisferio Occidental como un ataque de la Unión Soviética a los Estados Unidos, requiriendo una respuesta de represalia completa contra la Unión Soviética.

Esto significaba de todas formas que el mundo estaba ahora en el umbral de lo impensable: una guerra nuclear a gran escala (Kahn, 1962). Los misiles que fueron operacionales en Cuba fueron misiles nucleares estratégicos de medio alcance R-12 (conocidos como SS-4 en la OTAN).

En total fueron 36 misiles ubicados en seis lugares de Cuba. Cada misil tenía una ojiva nuclear 75 veces más poderosa que la bomba de Hiroshima. Contaban con un alcance de 1400 millas (aproximadamente 2250 km), lo que significa que podían alcanzar a Washington D.C. y a partes centrales de Estados Unidos.

En las se incluyeron también misiles de largo alcance (R-14/SS-5), pero estas instalaciones no fueron operacionales ya que los cuerpos de los misiles de este tipo no llegaron a Cuba como consecuencia del bloqueo marítimo que Estados Unidos comenzó el 24 de octubre (Gribkov y Smith, 1993; Diez Acosta, 2002a: 118–19, 2002b). En paralelo con el bloqueo se realizaron intensas negociaciones diplomáticas. Los soviéticos inicialmente negaron la existencia de los misiles en Cuba, pero Estados Unidos presentó evidencias convincentes al mundo en el Consejo de Seguridad de las Naciones Unidas (Blight, 1990; Allyn et al., 1992).

Imagen 3. Foto del reconocimiento aéreo de los Estados Unidos desde el 14 de octubre que muestra actividades de regimientos de misiles nucleares soviéticos en Cuba. (Utilizado con permiso del Archivo de Seguridad Nacional, Washington, DC).

En esta situación extremadamente tensa un incidente o una decisión mal considerada de alguna de las partes pudo haber empezado una guerra nuclear (Lechuga, 1995; Blight *et al.*, eds. 1991, eds. 1993; Kennedy, 1969: 127).

Durante los 13 días siguieron el 14 de octubre el mundo estuvo al borde de un holocausto termonuclear, y en todo el planeta la gente seguía ansiosamente el desarrollo de la crisis. A pesar de los planes avanzados de Estados Unidos de un ataque militar contra Cuba, con el objetivo de deshacerse de los misiles, así como el derrocamiento del gobierno revolucionario, la crisis se resolvió en el marco de intensas negociaciones diplomáticas en la ONU y directamente entre las dos superpotencias.

Imagen 4. El embajador estadounidense de la ONU Adlai Stevenson presenta pruebas de reconocimiento aéreo en la sesión de emergencia del Consejo de Seguridad de la ONU, el 25 de octubre de 1962. (Utilizado con el permiso del Archivo de Seguridad Nacional, Washington, DC).

1. Una breve introducción a la Crisis de Octubre - 13

A finales del mes octubre, Estados Unidos y la Unión Soviética llegaron a un acuerdo, sin ninguna participación de representantes del gobierno cubano, cuando el 28 de octubre Jruschov aceptó una oferta de Kennedy. En línea con este acuerdo los misiles, y todas las armas soviéticas ofensivas en Cuba, fueron desmantelados y enviados de vuelta a la Unión Soviética desde noviembre de 1962. La parte secreta del acuerdo incluyó el desmantelamiento y la retirada de los misiles nucleares estadounidenses, de tipo Júpiter, de Turquía y la promesa de que ni EE.UU., ni ninguno de sus aliados, iban a atacar Cuba con fuerzas militares en el futuro (Kennedy, 1969; Diez Acosta, 1992, 1997, 2002a-c; Jiménez Gómez, 2015).

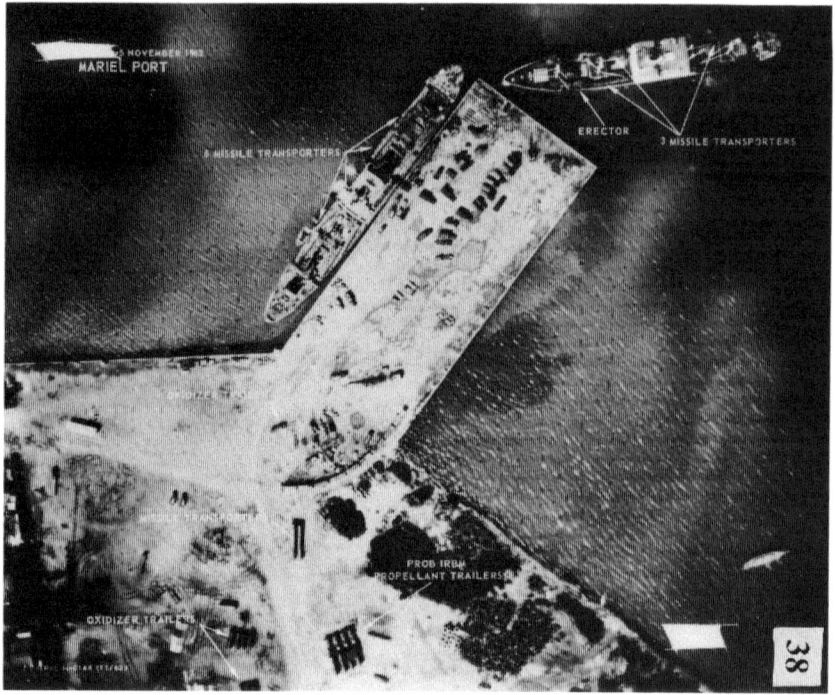

Imagen 5. Material militar soviético de vuelta en noviembre 1962. (Utilizado con el permiso del Archivo de Seguridad Nacional, Washington, DC).

Se puede considerar que la Crisis de Octubre tiene un final feliz ya que no se produjo el Armagedón. Pero la solución de la crisis creó tensiones políticas en la relación entre Cuba y la Unión Soviética. La razón era que todas las negociaciones importantes durante la crisis estaban ocurriendo directamente entre Washington y Moscú, sin involucrar a La Habana. Como consecuencia de esto, la Crisis de Octubre fue considerada en Cuba como una desgracia nacional. Aunque estaban en el epicentro del conflicto, y los misiles fueron ubicados en Cuba, no tuvieron ningún derecho de hablar en las negociaciones entre la Unión Soviética y los EE.UU. El líder cubano, Fidel Castro, declaró en una conferencia de La Habana en 1992 (Blight et al., 1992: 214) que:

> No solo se tomó esta decisión sin consultarnos, se tomaron varias medidas sin informarnos. (...) Así que fuimos humillados. La reacción de nuestra nación fue de profunda indignación, no de alivio.

Y en la entrevista *Misiles en el Caribe* en 1993, declaró;

> Naturalmente, nosotros no queríamos la guerra, deseábamos una solución, pero una solución honorable a partir de la crisis que se había creado, y no se puede lograr una solución honorable con nerviosismo, ni con vacilaciones, ni con precipitaciones (Shriver, 1993).

El líder soviético Nikita Jruschov, por otro lado, optó por ver la crisis como una victoria. El objetivo de defender la Revolución cubana mediante la prevención de una invasión de los EE.UU. se había logrado. Afirmó en sus memorias (Jruschov 1970: 500–504):

> Sin embargo, fue una gran victoria para nosotros haber podido extraer de Kennedy la promesa de que ni Estados

Unidos ni ninguno de sus aliados invadirían Cuba (...) La crisis caribeña fue un triunfo de la política exterior soviética y un triunfo personal en mi propia carrera como estadista y como miembro del liderazgo colectivo. ¡Hemos logrado, diría yo, un éxito espectacular sin tener que disparar un solo tiro!

La humillación nacional sentida por los dirigentes cubanos ha llevado a que la Crisis de Octubre sea más o menos una «historia cubierta» en Cuba, ya que hay otros acontecimientos más heroicos en la historia de la revolución, por ejemplo, el éxito militar en Playa Girón. Entonces, cuando la crisis es uno de los episodios más conocidos de la historia moderna cubana para la mayoría de las personas fuera de Cuba, paradójicamente se le da poca atención en Cuba. La exposición en el Museo de la Revolución de La Habana es un buen ejemplo de ello. Aunque el museo contiene un número aparentemente interminable de casos de exhibición, solo hay uno que brevemente toca la Crisis de Octubre.

La crisis se ha investigado seriamente en su metanivel por los historiadores debido a su influencia en la política mundial durante la Guerra Fría: los razonamientos y enfoques estratégicos militares, la diplomacia que resolvió, las personalidades de los líderes de las superpotencias, etcétera (por ejemplo, Garthoff, 1987; Blight *et al.*, eds. 1993; Allyn *et al.*, eds. 1992; Fursuenko y Naftali, 1997; May y Zelikow eds., 1997). A menudo también las investigaciones han tenido su punto de partida desde el punto de vista de EE.UU. y sus aliados. Pero realmente, hay pocas investigaciones que presentan esta crisis desde un punto de vista cubano (por ejemplo, Diez Acosta, 1992, 1997, 2002a-b; Jiménez Gómez, 2015).

Sin embargo, como consecuencia de la repetición de la narrativa de la crisis en la forma de su desarrollo y su dinámica interna —a la misma manera como he hecho aquí— otras dimensiones de la crisis, a la vez, han sido descuidadas y reprimidas. Este es el caso de los restos materiales en los antiguas sitios de misiles nucleares en Cuba, y los recuerdos y narraciones que mantienen individuos que viven en los pueblos y comunidades locales que rodean las antiguas bases en el campo cubano. Como hemos visto arriba, la crisis, durante las décadas que continuaron, fue poco comunicada en Cuba, a pesar de que los misiles fueron colocados en suelo nacional y que Cuba era el epicentro de la crisis (por ejemplo, Diez Acosta, 1997, 2002a-b; Burström y Karlsson, 2008; Burström et al., 2009, 2011). Tampoco ha existido mucho interés sobre los restos materiales o los recuerdos y narraciones que mantienen las poblaciones locales. La única excepción es una investigación realizada por el historiador Tomás Diez Acosta de un inventario breve para localizar los restos materiales en todas las antiguas bases soviéticas en 1991 (Diez Acosta, 1991).

Hoy los restos materiales de las instalaciones de misiles todavía se pueden encontrar en distintos sitios de Cuba, y a la vez existen numerosos recuerdos y narraciones que mantienen los individuos y las comunidades locales que rodean las antiguas bases de misiles nucleares. Recuerdos y narraciones que son testimonios únicos de cómo esta crisis mundial fue percibida por las personas que, de súbito e inesperadamente, se encontraron situadas en el epicentro de la crisis.

2

Aspectos materiales de la crisis

Imagen 6. Un mísil nuclear del tipo R-12 en exhibición en La Cabaña, en La Habana. Foto: Håkan Karlsson.

La operación secreta soviética Anadyr —decidida en septiembre de 1961 y llevada a cabo desde junio de 1962 hasta el inicio del bloqueo marítimo estadounidense— tenía dos objetivos principales. En primer lugar, defender la revolución cubana contra las diversas agresiones estadounidenses. En segundo lugar, a nivel metamilitar, fortalecer las posiciones soviéticas para crear una situación donde los misiles nucleares soviéticos pudieran llegar a los Estados Unidos en cuestión de minutos (creando así una situación similar a la de Europa donde los misiles de EE.UU. podrían llegar a la Unión Soviética en minutos desde sus bases en Turquía e Italia (por ejemplo, Lechuga, 1995; Fursuenko y Naftali, 1997: 184–187 Diez Acosta, 2002a).

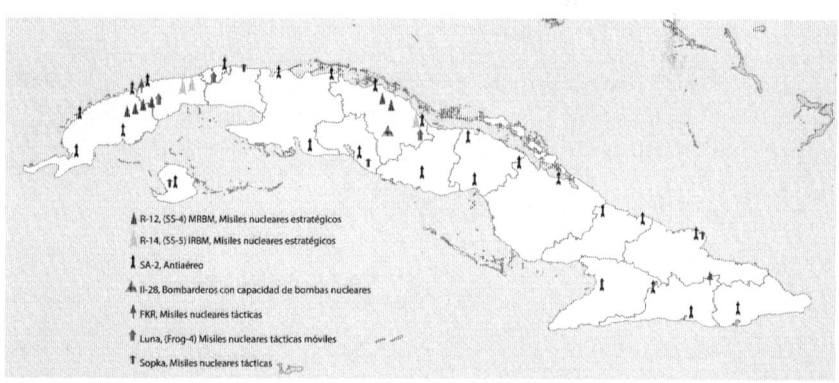

Imagen 7. La ubicación de las tropas soviéticas en Cuba durante la crisis. Ilustración Håkan Karlsson.

Desde el punto de vista militar, la operación fue masiva tanto en lo que respecta a hombres como a material, y el grupo de fuerzas soviéticas fue construido alrededor de la 43ª División de la Guardia Smolensk que consistió en 5 regimientos de misiles nucleares estratégicos —tres con misiles de alcance medio R-12 y dos con misiles R-14 de alcance intermedio—. Las fuerzas también contaban con tropas de asignación consistentes en 4 regimientos motorizados, equipados entre otros con misiles nucleares (tácticos) móviles, del tipo Luna de corto alcance, dos batallones de tanques, un regimiento MIG con MIG-21, MIG-15 y MIG-17 (en total 47 aviones), 42 bombarderos ligeros Il-28 (que podrían llevar bombas nucleares), 6 regimientos antiaéreos de misiles de crucero (con 144 lanzadores), baterías antiaéreas, 2 batallones de radar, 1 brigada de barcos con misiles de clase Komar, y 7 submarinos con misiles nucleares. En todas estas unidades se contó con alrededor de 50 000 hombres y enormes cantidades de material (Diez Acosta, 2002a: 100-120)

Imagen 8. Un mausoleo de los soldados soviéticos que fallecieron en accidentes y enfermedades durante la crisis. Este se encuentra en las afueras del oeste de La Habana. El soldado Nikolaj Nikolaevitch, 21 años de edad, fue uno de los aproximadamente 80 soldados soviéticos que nunca regresaron a su patria. Foto: Håkan Karlsson.

2. Aspectos materiales de la crisis - 21

En junio comenzaron los trabajos de reconocimiento para la ubicación y el despliegue de las unidades soviéticas y desde principios de agosto hasta el inicio del bloqueo marítimo estadounidense a finales de octubre, hombres y materiales fueron transportados desde la Unión Soviética a Cuba y descargados en diferentes puertos cubanos. De allí, las tropas y el material fueron transportados a sus posiciones en secreto, durante la noche, en caravanas de treinta o cuarenta vehículos (Diez Acosta, 2002a: 119-120).

En cuanto a los misiles nucleares R-12 y R-14, el trabajo de reconocimiento para la ubicación de los misiles también comenzó en junio y se eligieron nueve lugares en el oeste y el centro de Cuba para su despliegue. Seis para los misiles R-12 y tres para los misiles R-14. Las bases eran ubicadas detrás de montañas para impedir ataques directos de aviones y porque allí había recursos de agua fresca. Antes de que se establecieran las bases, la tierra y el paisaje se utilizaban para la agricultura y el pastoreo. Existían fincas pequeñas y cuando se establecieron las bases, los propietarios tuvieron que marcharse rápido de la zona, y en compensación recibieron nuevas casas y terrenos adyacentes al sitio. Durante el inicio del otoño, las unidades de ingeniería soviéticas y cubanas tuvieron que reparar carreteras y construir nuevas, así como fortalecer los puentes para que soportaran cargas tan pesadas (Diez Acosta, 2002a: 110-111. Durante septiembre y el inicio de octubre, los misiles R-12 —así como otros equipos y componentes como arcos de hormigón para el hangar de misiles y los cuarteles para las tropas— llegaron a Cuba. El material fue transportado desde los puertos en caravanas que transportaban cinco o seis misiles cada uno, junto con un destacamento de escolta.

El material fue transportado por la noche, evitando las ciudades y pueblos tanto como fuera posible, pero en algunos lugares había obstáculos insalvables (como postes telefónicos y eléctricos y a veces casas) que tuvieron que ser derribados para que la carga pudiera pasar. Cuando los misiles llegaron a sus sitios, las tropas de ingeniería y el personal del regimiento de misiles intensificaron su trabajo.

Imagen 9. Preparaciones para la llegada de los misiles. De Diez Acosta, 1992.

Imagen 10. Esquema de despliegue de un grupo R-12. Del archivo personal de Tomás Diez Acosta.

Las construcciones y la infraestructura de los sitios de misiles parecen haber seguido un patrón bastante general, ya que según el plan cada sitio constituía un hangar de misiles. En estos hangares, de entre 20-25 metros de largo y 11 metros de anchura, construidos con un sistema de arcos de hormigón armado de tres partes (prefabricados en la Unión Soviética), los misiles habrían estado listos para su lanzamiento por un empalme del cuerpo del misil con la ojiva nuclear, y en una clima y ambiente reglados esperarían su transporte hasta las rampas de lanzamientos. Cuatro rampas colocadas en zigzag a unos 200 metros de distancia de los hangares. También existían carreteras que conectaban el hangar con las rampas, con los alojamientos y con otras estructuras en las bases. Los alojamientos existían en la forma de tiendas o, en algunos casos, como cuarteles. Había además una cerca de alambre de púas con puestos de vigilancia diseminados y en las entradas, que rodeaban los aproximadamente 1.5 a 3 kilómetros cuadrados del sitio. Un número de trincheras y refugios existían también dentro de las bases y fuera de las mismas. Las fuerzas militares cubanas no tenían un acceso directo a las bases sino que tenían la responsabilidad de defender por el exterior las mismas (Diez Acosta, 1991, 2002 a-b).

Cada regimiento estratégico con misiles R-12 fueron divididos y responsables de dos de estos sitios, y hubo aproximadamente 800 hombres (incluyendo las tropas de ingeniería y defensa) y 6 misiles en cada sitio. Esto significa que al referirse a los misiles R-12 de alcance medio había 6 sitios con 6 misiles R-12 cada uno, en total 36 misiles (de 1 megatón cada uno). Las ojivas nucleares de los misiles R-12 llegaron al puerto el 4 y el 23 de octubre y los sitios y los misiles entraron en funcionamiento entre el 4 y el 26 de octubre. Tres de los cuatro sitios para los misiles de rango intermedio R-14 fueron terminados, pero nunca funcionaron ya que los cuerpos del misil (a pesar de que las 24 ojivas nucleares sí lo hicieron) nunca alcanzaron Cuba debido al bloqueo marítimo de los EE.UU. Los sitios con misiles R-12 estuvieron listos para la batalla el 26 de octubre, cuando las ojivas nucleares fueron trasladadas hacia los regimientos de cohetes, cerca de las posiciones de lanzamiento, desde su almacenamiento en Bejucal sur en La Habana (ibíd.).

El 28 de octubre, el acuerdo diplomático entre los Estados Unidos y la Unión Soviética finalizó la crisis. En consonancia con el acuerdo, los misiles nucleares estratégicos soviéticos fueron desmantelados y enviados a la Unión Soviética a principios de noviembre de 1962. Durante noviembre y diciembre también todas las armas nucleares tácticas, los Il-28 y las bombas nucleares fueron enviados de vuelta. En concordancia con el acuerdo diplomático con EE.UU., la Unión Soviética se comprometió a destruir, a finales de octubre, todas las construcciones materiales en las bases. EE.UU. demandó también que esta destrucción fuera controlada por la ONU en Cuba, pero este tipo de control fue negado con fuerza por el gobierno cubano y por eso nunca fue realizado (Lechuga, 1995; Díez Acosta, 1997, 2002a: 190-95).

Como hemos visto, el establecimiento de los sitios de misiles significó la construcción de una nueva infraestructura, la construcción de edificios de diversos tipos, y una enorme masa material y humana se concentró en los sitios de misiles durante un tiempo relativamente corto, principalmente entre mediados de septiembre y principios de noviembre.

Sin embargo, antes de este proyecto, el único interés científico mostrado por la materialidad restante de los sitios es el inventario realizado por el Instituto de Historia de Cuba en La Habana, bajo la supervisión del historiador cubano Tomás Diez Acosta en 1991 (Diez Acosta, 1991). El objetivo de este inventario era investigar qué tipo de material permanecía en los sitios aproximadamente treinta años después de su abandono, así como hacer mapas sobre los sitios. El inventario mostró que existían varios tipos de restos materiales en todas las antiguas bases soviéticas de misiles nucleares.

Los siguientes capítulos de este libro van a complementar la narrativa dominante sobre la crisis presentada en los dos últimos capítulos, pero con otras dimensiones y perspectivas.

GRUPO R 12 SANTA CRUZ DE LOS PINOS
Microlocalización

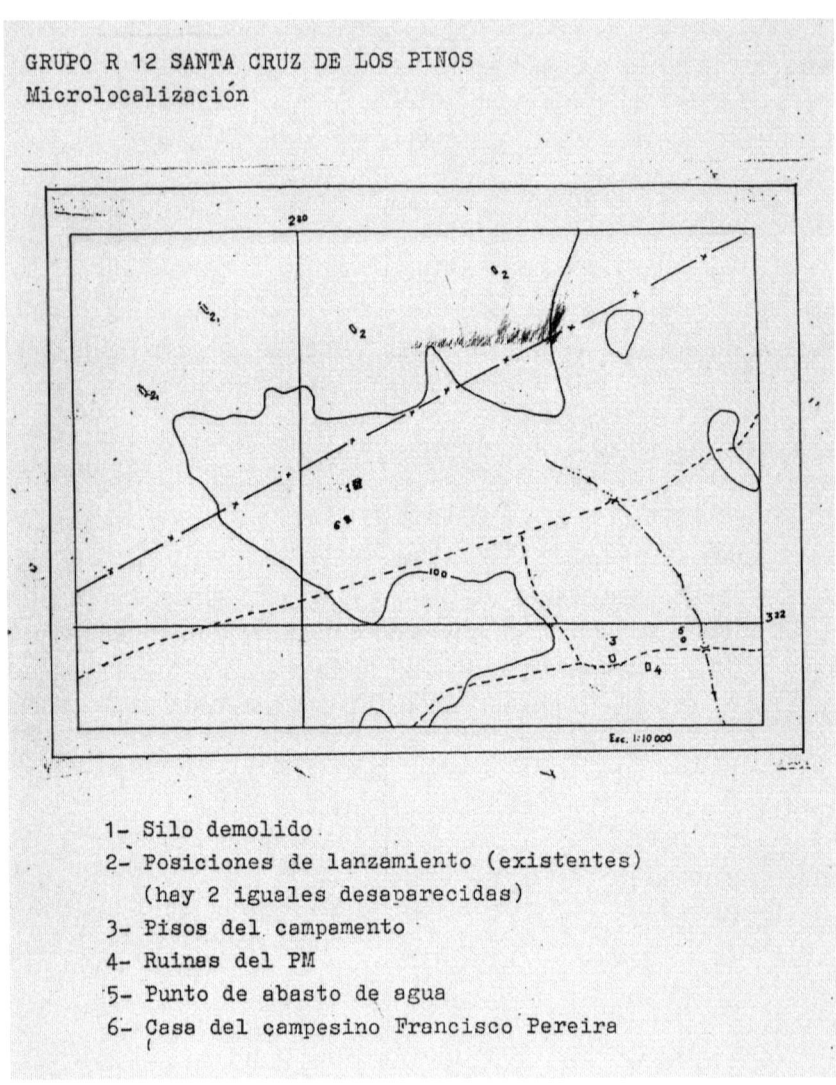

1- Silo demolido.
2- Posiciones de lanzamiento (existentes)
   (hay 2 iguales desaparecidas)
3- Pisos del campamento
4- Ruinas del PM
5- Punto de abasto de agua
6- Casa del campesino Francisco Pereira

Imagen 11. Mapa realizado desde el inventario de Tomás Diez Acosta en 1991 (Diez Acosta, 1991).

3

El proyecto
Una Crisis Mundial desde abajo

Imagen 12. Un área abandonada para almacenar los cuerpos de misiles en la antigua base en El Purio. Foto: Håkan Karlsson.

Empezamos nuestro proyecto *Una crisis mundial desde abajo* en 2005, como una cooperación entre arqueólogos suecos y arqueólogos, historiadores y antropólogos cubanos. Desde el inicio, el proyecto se concentró precisamente en las dimensiones reprimidas de la crisis, es decir, en el material que permanece en los lugares, y en los recuerdos y narraciones que sostienen las personas y las comunidades locales. Y se hizo con la intención de permitir la expresión «de voces de bajos perfiles» y los recuerdos y narraciones «de abajo», que crean dimensiones más humanas y complementarias a la crisis y a la «narrativa dominante» de la misma. Con ello, se pretende llegar a nuevas formas de conocimiento acerca de la Crisis de Octubre (Burström y Karlsson, 2008; Burström *et al.*, 2006, 2009, 2011; González Hernández *et al.*, 2015). Las preguntas que planteamos son bastante sencillas:

- ¿Es posible complementar la «narrativa dominante» de la Crisis de Octubre, y llegar a nuevas formas de conocimiento sobre la misma con estudios de los restos materiales e inmateriales en Cuba?

- Si tal es el caso, ¿de qué manera puede este material desafiar la «narrativa dominante»?

Estas preguntas están divididas, a su vez, en un número de preguntas más específicas, como, por ejemplo: ¿Qué queda todavía en el suelo de los sitios de misiles? ¿De qué manera se han reutilizado los restos materiales de las antiguas bases? ¿Qué recuerdos y narraciones se tiene de la crisis y de los sitios de misiles? ¿Cómo quieren los museos regionales utilizar los sitios como parte de su patrimonio cultural?

En el nivel teórico y metodológico el proyecto se focaliza en las últimas décadas de interés arqueológico en restos contemporáneos (es decir, la arqueología del pasado contemporáneo) para contestar estas preguntas (por ejemplo, Buchli y Lucas eds., 2001; Holtorf y Piccini eds., 2009; Burström, 2010; Hanson, 2016). El enfoque arqueológico contemporáneo es naturalmente multidisciplinar, ya que combina teorías y métodos de la arqueología, la historia y la antropología.

Imagen 13. Buscando el pasado reciente en Santa Cruz de los Pinos. Foto: Håkan Karlsson.

Para ello, se utiliza la información del material físico y las fuentes orales y escritas, y se propicia una interacción y fusión para alcanzar nuevas formas de conocimiento. Al mismo tiempo, este enfoque implica, en el nivel metodológico, que se trabaje con archivos, prospecciones, excavaciones arqueológicas y con entrevistas, cuestionarios y documentaciones fotográficas. Esto se traduce en que el campo es heterogéneo y difícil de comprender, pero también que está lleno de matices e ideas. También significa que cualquier persona que quiera una definición clara y fácil de la arqueología del pasado contemporáneo podrá sentir decepción, a la vez que otros serán estimulados por esta apertura de la mente y la teoría.

La mayoría de las personas asocian la arqueología con el estudio de un pasado lejano donde solo existen pocas y fragmentarias fuentes de información. Esto hace fácil entender por qué se necesita la arqueología. Pero a partir del siglo XX hay gran abundancia de fuentes, y esta circunstancia hace razonable preguntarse; ¿para qué se necesita a la arqueología? Sin embargo, el mero exceso de información sobre el pasado reciente es en sí mismo oscuro. La historia de «baja voz» está en riesgo de ahogarse en el ruido de otras fuentes más dominantes y de voz más ruidosa. Una contribución arqueológica importante consiste ante todo en dar voz a algunas de esas historias que de otra manera no se oirían (por ejemplo, Buchli y Lucas, 2001: 14-15). Estas historias de «baja voz» pueden dar una perspectiva humana sobre acontecimientos a gran escala y cursos de eventos que de otro modo solo se conocen a un nivel general y superficial. Por eso, un aspecto central de la arqueología del pasado contemporáneo es que trae recuerdos y narraciones al presente. Esto significa que una excavación no solo es una búsqueda de nueva información: es también un acontecimiento que atrae la atención de la gente y pone el pasado reciente de ese sitio particular en un foco de interés general. La información más importante no siempre es la que se encuentra en el suelo; puede muy bien ser lo que dicen los habitantes locales o lo que se encuentra en los archivos. Sin embargo, el esfuerzo arqueológico es lo que pone esa historia en primer plano y desencadena un proceso de recordación. El trabajo arqueológico hace que la gente hable y genera así una información oral que de otro modo nunca se hubiera conocido. La mayoría de las personas encuentran más fácil relacionarse con el pasado contemporáneo, del que tienen más conocimiento, que con el pasado lejano. Las personas disfrutan reconociendo cosas que recuerdan de su propio pasado o de las que han sido informadas por parientes de mayor edad o amigos.

Imagen 14. Actividades arqueológicas en El Pitirre Foto: Håkan Karlsson.

Muchos se sorprenden por el interés arqueológico en periodos de tiempo tan recientes; y la comprensión de que un pasado que ellos mismos han experimentado ahora se ha convertido en objeto de estudio de la arqueología es motivo de reflexión sobre ese pasado y sobre el paso del tiempo. También puede constituir un punto de partida perfecto para el interés por el pasado más lejano. Por eso, cuando se realizan excavaciones arqueológicas, a menudo se trabaja en cooperación con las comunidades y actores locales, en una forma de arqueología pública (por ejemplo, Buchli y Lucas eds., 2001; Burström, 2010; Persson, 2014).

El proyecto se enmarca también en el interés arqueológico contemporáneo en los restos de la Guerra Fría y en el «patrimonio cultural sombrío» (*Dark Heritage*). Durante las últimas décadas el interés arqueológico contemporáneo se ha centrado en restos materiales de la Guerra Fría. La razón de esto es que muchas instalaciones militares de este periodo fueron abandonadas por los militares y se han convertido en una responsabilidad de la gestión del patrimonio (por ejemplo, Schofield *et al.* eds., 2002; Schofield, 2005; Schmidt y von Preuschen, 2005; Schofield y Cocroft eds., 2007; Hanson, 2016). A nivel general, el proyecto se relaciona con las direcciones de estas investigaciones. A pesar de esta relación también hay diferencias cruciales entre el proyecto y los textos mencionados anteriormente. Uno de ellos es el hecho de que la mayoría de las investigaciones arqueológicas contemporáneas sobre la materialidad de la Guerra Fría terminan en cuestiones relativas al valor patrimonial y la preservación de los restos o en el razonamiento técnico/militar. Paralelamente, en la actualidad, las dimensiones humanas de estos materiales, así como los recuerdos y narraciones de las comunidades locales que rodean los sitios, y la cooperación con dichas comunidades, resultan descuidadas en muchos casos. Estas dimensiones son, por otra parte, cruciales en este texto, ya que son la combinación de restos materiales y recuerdos, y las narraciones de las comunidades locales resultan vitales al tratar de alcanzar nuevos conocimientos sobre la Crisis de Octubre y sus dimensiones humanas.

El «patrimonio cultural sombrío» (*Dark Heritage*) es un campo que incluye a las distintas formas de patrimonio cultural cuya comprensión es pobre, ya que han sido poco investigadas y muy descuidadas por la investigación. Pero en él, y tal vez de ahí la negligencia, se contienen los recuerdos que la sociedades y los seres humanos a veces quieren olvidar, ya que son restos dolorosos, recordatorios sobre lo oscuro de la naturaleza humana, por ejemplo, los campos de concentración, los restos militares y campos de batalla, el colonialismo y la esclavitud (Carman ed., 1997; Buchli y Lucas eds., 2001; Saunders ed., 2004; Schofield y Cocroft eds., 2007; Landa y Hernández de Lara eds., 2014; González Ruibal, 2016). En el caso del proyecto es obvio que la Crisis de Octubre, tanto su historia como sus restos materiales e inmateriales, hasta ahora han sido poco conocidos en Cuba, como consecuencia de la humillación nacional sentida por el gobierno cubano al excluírsele en la solución diplomática. De esta manera, la crisis y sus restos se pueden ver como una «historia cubierta» y como un tipo de patrimonio cultural sombrío.

Imagen 15. Actividades arqueológicas y antropológicas en Santa Cruz de los Pinos con la participación de los campesinos locales. Foto: Håkan Karlsson.

3. El proyecto Una Crisis Mundial desde abajo - 35

Imagen 16. Actividades arqueológicas en Santa Cruz de los Pinos Foto: Håkan Karlsson.

Esto significa que el proyecto también toma su punto de partida en cuestiones relativas a las historias de vida cultural, las biografías y la reutilización de la cultura material, así como la relación entre la cultura material y los seres humanos. Estos temas han sido discutidos e investigados en arqueología con diversos enfoques e influencias en las últimas décadas. En cuanto a las discusiones de historias de vida y biografías, véase, por ejemplo, Shanks (1998), Bradley y Williams eds. (1998), Marshall y Gosden eds. (1999), Holtorf (2002) y Karlsson (2008). Estas discusiones están influidas por los argumentos presentados por Igor Kopytoff (1986), y exponen de manera convincente que la cultura material, al igual que los seres humanos, tiene biografías o historias de vida, y que la cultura material pasa por diferentes etapas de su «vida». Su significancia cambia con el tiempo, y ninguno de estos significados es más importante que cualquier otro (ibíd.). Por lo tanto, estas discusiones, a menudo arraigadas en un enfoque constructivista reflexivo y crítico, también cuestionan la fuerte tradición esencialista arqueológica, donde el significado y la autenticidad de la cultura material se han basado en una visión donde la originalidad, la autenticidad y la veracidad es algo que el objeto retiene en sí mismo como una esencia y como un activo valioso (por ejemplo, Jones, 2010; Holtorf, 2013). En cambio, se hace hincapié en que todos los tipos de expresiones materiales que se originaron en el pasado forman parte de los procesos culturales contemporáneos en los que se interpretan, se organizan y se comunican, en el contexto de enfoques, significados y narraciones específicas contextuales y ancladas (Shanks, 1998; Holtorf y Schadla-Hall, 1999; Holtorf, 2005; Jones, 2010; Harrison ed. 2010, 2013; Gustafsson y Karlsson, 2015). Estos son puntos de partida teóricos fructíferos cuando se discute la cultura material que se aborda en este libro, ya que el hangar soviético de misiles nucleares y las esteras Marston estadounidenses no pueden aislarse en el pasado cuando los significados que se les atribuyen se crean continuamente y, por lo tanto, también han cambiado durante su vida. Al mismo tiempo, estos restos materiales han influido en la gente que les ha atribuido significado de varias maneras durante su existencia. El concepto de historias de vida también es un extra intrigante, al acercarse a una cultura material que fue parte de un evento que estuvo cerca de terminar con la historia de la humanidad.

El proyecto es también una parte cada vez mayor del campo temático de la utilización contemporánea de la historia, y de la relación entre el patrimonio cultural y la sociedad. En recientes décadas este campo de investigación sobre la función social de los procesos del patrimonio cultural ha generado extensas investigaciones en las disciplinas de la historia y la arqueología, así como en la investigación en cuanto a turismo, negocios locales o la participación cívica y local (Lowenthal, 1985, 1998; Grundberg, 2004; Gustafsson y Karlsson, 2004a-b; Smith, 2004, 2006; Robinson, 1996; Harrison ed. 2010, 2013; Benton ed., 2010; Moschenka y Dhanjal eds., 2012). Más precisamente, el proyecto está relacionado con las investigaciones sobre la función social de los procesos del patrimonio cultural, cómo las arqueologías pública y comunitaria se centran en temas como la participación local, el empoderamiento y el desarrollo social sostenible (Marshall, 2002; Carman y Stig-Sørensen eds., 2009; Pyburn, 2009; Skeates *et al.* eds., 2012; Biehl *et al.* eds., 2014).

Con este marco teórico y metodológico el proyecto ha realizado estudios en los seis antiguos sitios que fueron utilizados para ubicar misiles del tipo R-12 en Cuba en 1962. El Cacho y El Pitirre (en la región de Pinar del Rio), Santa Cruz de los Pinos y La Rosa (en la región de Artemisa), y Sitiecito y El Purio (en la región de Villa Clara). Sin embargo, el trabajo hasta ahora ha sido fijado en las bases en el oeste de Cuba y más precisamente en las bases El Pitirre y Santa Cruz de los Pinos.

Imagen 17. Actividades antropológicas cerca de la antigua base en El Cacho. Foto: Håkan Karlsson.

Imagen 18. Actividades antropológicas en El Pitirre. Foto: Håkan Karlsson.

Imagen 19. Actividades antropológicas en La Rosa. Foto: Håkan Karlsson.

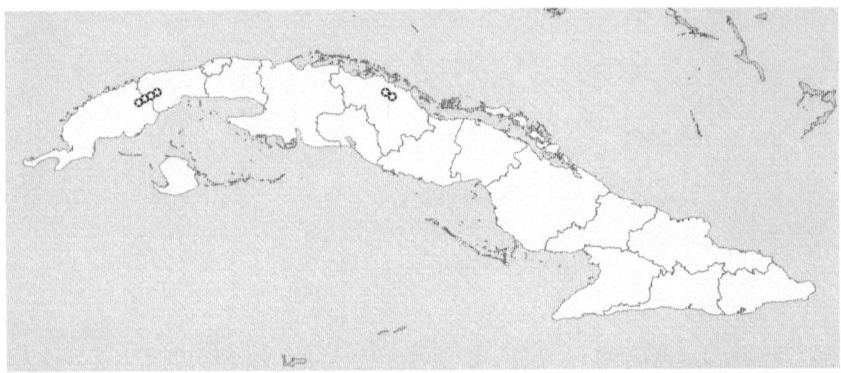

Imagen 20. Mapa de Cuba con los seis sitios marcados donde el proyecto ha trabajado. De oeste a este: El Cacho, El Pitirre, Santa Cruz de los Pinos, La Rosa, Sitiecito y El Purio. Ilustración. Håkan Karlsson.

Para recoger información sobre los restos materiales (estructuras y artefactos) e inmateriales (recuerdos y narraciones) este trabajo ha utilizado métodos antropológicos como entrevistas, y métodos arqueológicos en la forma de prospecciones, así como excavaciones con participación de la comunidad localen Santa Cruz de los Pinos y El Pitirre. El proyecto también ha realizado documentaciones fotográficas y ha utilizado material de los archivos históricos. Asimismo, para investigar de qué manera los museos en San Cristóbal y Los Palacios quieren utilizar los sitios como patrimonio cultural en el futuro se han utilizado documentos estratégicos en combinación con entrevistas.

4

Los restos materiales y su reutilización

Imagen 21. El hangar derribado en Santa Cruz de los Pinos. Foto: Håkan Karlsson.

Los restos materiales

Existen una cantidad de restos materiales en casi todas las bases, y estos restos se pueden categorizar generalmente en cuatro grupos: infraestructuras, estructuras, artefactos y otros restos.

Infraestructuras fuera y dentro de las bases

Como he presentado previamente, algunos meses antes de la llegada de los misiles a las bases, las unidades de ingeniería soviética y cubana fueron obligadas a reparar y construir nuevos caminos, a la vez que fortalecieron puentes para soportar cargas pesadas. Este tipo de caminos y puentes se puede encontrar en los alrededores de todas las bases que el proyecto ha investigado.

Imagen 22. Un ejemplo de un puente reforzado, cerca de la base El Pitirre. Foto: Lotta Stenqvist.

Imagen 23. Otro ejemplo de un puente reforzado, cerca de la base La Rosa. Foto: Håkan Karlsson.

A veces las tropas de ingeniería eran forzadas a derribar obstáculos como postes telefónicos y de electricidad, e incluso casas, para que la carga pudiera pasar.

4. Los restos materiales y su reutilización - 45

Imagen 24. En el centro de Santa Cruz de los Pinos hay una encrucijada muy referida en la tradición local. La historia dice que solía haber una casa en pie en el lado derecho de la esquina de la calle, que ahora está parcialmente vacío. Cuando los remolques de misiles llegaron a este rincón descubrieron que la curva era demasiado estrecha. Esto se tradujo en que la casa tuvo que ser derribada en mitad de la noche. Foto: Mats Burström.

La mayoría de los nuevos caminos, originalmente construidos para transportar el equipo militar hasta las bases, y por las funciones cotidianas de las mismas, ahora todavía a veces funcionan como caminos centrales para los campesinos y aldeanos en las áreas que rodean las antiguas bases.

Imagen 25. Un ejemplo de este tipo de camino cerca de la base Santa Cruz de los Pinos. Foto: Håkan Karlsson.

Imagen 26. Otro ejemplo, cerca de la base El Pitirre. Foto: Håkan Karlsson.

4. Los restos materiales y su reutilización - 47

También dentro de las áreas de algunas de las antiguas bases existen todavía partes de la vieja infraestructura en forma de caminos y puentes. Ahora a veces son utilizados por los campesinos en su trabajo diario, y en otras ocasiones son abandonados.

Imagen 27. Un viejo camino en la base Sitiecito. Foto: Håkan Karlsson.

Imagen 28. Un viejo puente en la base El Pitirre. Foto: Håkan Karlsson.

Estructuras

Sobre las estructuras lo más destacado de ellas, en los sitios investigados, son los silos o, más exactamente los hangares. Fueron construidos con 44 arcos reforzados de cemento y además fueron compuestos para formar un edificio de 25 metros de largo y 11 metros de anchura (Díez Acosta, 1991, 2002a: 118; Burström *et al.*, 2009; Gustafsson *et al.*, 2016). En estos hangares los misiles habrían estado listos para combate por un empalme del cuerpo del misil con la ojiva nuclear, y en un clima y ambiente adecuados esperarían su transporte hasta las rampas de lanzamientos (Jiménez Gonzáles, 2015: 121-23). Por eso estos hangares fueron decisivos para la función de las bases de misiles nucleares soviéticos durante la crisis. En los sitios El Cacho y Sitiecito, los hangares todavía están más o menos intactos, pero en los otros sitios fueron derrumbados. En el sitio La Rosa, el proyecto no ha sido capaz de localizar el hangar, ya que parece que ha desaparecido, tal vez como consecuencia de la reutilización de los arcos.

La base El Cacho (conocido como San Cristóbal 1 en la documentación estadounidense) fue el primer sitio con misiles nucleares que el reconocimiento aéreo de los EE.UU. descubrió en octubre de 1962 (Diez Acosta, 1997, 2002a: 136). Las imágenes, como presentó el embajador estadounidense EE.UU. de la ONU, Adlai Stevenson, en la famosa foto de la sesión en el Consejo de seguridad en la ONU el 25 de octubre de 1962 (imagen 4) muestra estructuras en El Cacho. Por tanto, se puede decir que este sitio y su material fueron la chispa que encendió la Crisis de Octubre.

Imagen 29. El hangar en pie en Sitiecito. Foto: Håkan Karlsson.

Imagen 30. El hangar derrumbado en Santa Cruz de los Pinos. Foto: Mats Burström

En las propias palabras de Stevenson:

> Una segunda fotografía grande muestra la misma área aproximadamente seis semanas después. Aquí usted verá un esfuerzo de construcción muy pesado para empujar el área de lanzamiento a la terminación rápida. Las imágenes muestran (...) un gran edificio de hormigón armado en construcción. Un edificio con un arco pesado bien puede ser pensado como el área de almacenamiento para las ojivas nucleares. La instalación aún no está completa y no hay ojivas todavía visibles. (Departamento de Estado de los Estados Unidos, Boletín, Volumen XLVII, N° 1220: 737-740).

4. Los restos materiales y su reutilización - 51

Imagen 31. Foto de baja altitud del hangar en El Cacho durante la construcción el 23 de octubre. (Usado con permiso del Archivo de Seguridad Nacional, Washington, DC).

En concordancia con el acuerdo diplomático entre EE.UU. y la Unión Soviética, cuando terminó la crisis a finales de octubre todas las construcciones en las bases serían destruidas. EE.UU. demandó también que esta destrucción fuera controlada por la ONU, pero este tipo de control fue rechazado con fuerza por el Gobierno cubano y por eso nunca fue realizado (Díez Acosta, 1997, 2002a: 190-95). Entonces, en El Cacho y Sitiecito los hangares no fueron destruidos, sino que sobrevivieron intactos dada la rápida retirada de los regimientos de misiles soviéticos a finales de octubre (Gustafsson *et al.*, 2016, en prensa). En este contexto es interesante destacar que los hangares que se transportaron desde la Unión Soviética en agosto-septiembre de 1962 (en la forma de un kit constituido, entre otros materiales, de arcos de cemento) fueron partes centrales de los regimientos de misiles que se enviaron a Cuba, pero en el caso de los dos sitios en El Cacho y Sitiecito no existió tiempo suficiente para desmantelarlos. En los otros sitios, El Pitirre, Santa Cruz de los Pinos y El Purio los hangares fueron derrumbados, y en La Rosa el hangar ha desaparecido totalmente. Es más, hasta ahora nosotros no hemos encontrado ningún rastro del hangar.

Imagen 32. Foto del hangar en El Cacho en 2015. Foto: Håkan Karlsson.

4. Los restos materiales y su reutilización - 53

Imagen 33-34. Restos del hangar en Santa Cruz de los Pinos. Foto: Håkan Karlsson.

Imagen 35. Restos del hangar en El Pitirre. Foto: Håkan Karlsson.

También hay otras estructuras como, por ejemplo, las plataformas de lanzamiento. En concordancia con la infraestructura general de los sitios, cada uno tenía cuatro rampas de lanzamiento (Diez Acosta, 1991). Estas rampas fueron construidas con una capa de cemento relativamente delgada y con una pequeña preparación para reforzar el suelo. Y por eso probablemente, la mayoría de estas rampas han sido destruidas como un efecto de la cultivación durante los años que han pasado desde la crisis. Sin embargo, en el sitio de Santa Cruz de los Pinos, donde las actividades arqueológicas han sido más profundas, ha sido posible localizar algunas rampas. También hay una rampa en El Purio (por ejemplo, Burström *et al.*, 2006, 2009; Iglesias Camargo *et al.*, en prensa). También hay otros tipos de plataformas y pisos para almacenar los cuerpos de misiles, y para parquear camiones, remolques y otros vehículos. Estos pisos también fueron construidos con una capa de cemento relativamente delgada y la cultivación y el clima han destruido muchos de sus restos materiales.

Imagen 36. Una plataforma de lanzamiento con una placa conmemorativa en Santa Cruz de los Pinos. Foto: Håkan Karlsson.

4. Los restos materiales y su reutilización - 55

Imagen 37. Un piso, probablemente para almacenar los cuerpos de misiles, en El Pitirre, inspeccionado por el campesino Juan Díaz. Foto: Javier Iglesias Camargo.

En Santa Cruz de los Pinos también hay restos de los edificios de alojamiento que se construyeron en este sitio:

Imagen 38. Edificios de alojamiento en Santa Cruz de los Pinos. (Utilizado con permiso del Archivo de Seguridad Nacional, Washington, DC).

4. Los restos materiales y su reutilización - 57

Imagen 39-40. Rastros de los edificios de los alojamientos en Santa Cruz de los Pinos. Foto Håkan Karlsson.

Este tipo de edificios de alojamiento parece que fueron construidos solo en esta base, y en las otros bases se utilizaron tiendas a la espera de la construcción de los edificios de alojamiento. Una fase de construcción que nunca llegó.

También hay restos de trincheras, y todos las bases mantienen restos de diversas estructuras conectadas con el almacenamiento de los cuerpos de los misiles y el lanzamiento de los mismos.

Imagen 41. Trinchera soviética en El Pitirre, la lona de cubierta en su posición original. Foto: Lotta Stenqvist.

También en cuatro de las bases (El Cacho, El Pitirre, Santa Cruz de los Pinos y Sitiecito) hay placas de conmemoración que fueron emplazadas durante las décadas después de la crisis.

4. *Los restos materiales y su reutilización* - 59

Imagen 42. Placa de conmemoración cerca del hangar en El Pitirre. Esta placa desapareció durante 2015. Probablemente robada como suvenir por un visitante. Foto: Håkan Karlsson.

Imagen 43. En El Cacho, a la placa conmemorativa cerca del hangar la acompaña un modelo de un misil de tipo R-12. Foto: Håkan Karlsson.

Artefactos

Las actividades arqueológicas en la forma de prospecciones, y en Santa Cruz de los Pinos y El Pitirre también excavaciones, han revelado artefactos militares; por ejemplo: cascos rusos, termos de comida o recipientes de granadas. También restos de latas de conservas y botellas de *Alcoholitis* que los soldados rusos intercambiaban por ropa, botas militares y otros artículos con la gente del campo y de los pueblos que rodean las bases.

Imagen 44. Un recipiente soviético en un basurero de un campesino en el área de la antigua base en Santa Cruz de los Pinos. Foto: Håkan Karlsson.

Imagen 45. Una lata de conservas soviética hallada en El Pitirre. Foto: Gerardo Izquierdo Díaz.

Sin embargo, el número de artefactos encontrados durante las actividades arqueológicas no es tan numeroso como se podría esperar. En octubre de 1962, aproximadamente 800 soldados soviéticos vivieron dentro del área de cada base y es asombroso que sus actividades no hayan dejado más restos materiales. No obstante, esto se puede explicar generalmente por la reutilización de los restos materiales de las bases en las comunidades locales (Burström *et al.*, 2009; Iglesias Camargo *et al.*, en prensa; Gustafsson *et al.*, 2016, en prensa; González Noriega *et al.*, en prensa). Un aspecto, el de los intercambios y la reutilización de artefactos, al que volveremos en seguida.

4. *Los restos materiales y su reutilización* - 63

Imagen 46. Correas de caucho en su posición original desde la excavación en Santa Cruz de los Pinos. El propósito de las correas no está claro, pero estos objetos aparentemente triviales están sin embargo vinculados a la crisis. Foto: Håkan Karlsson.

Imagen 47. Una botella graduada de la farmacia, probablemente una vez contuvo Alcoholitis, Ron de 90 % para uso médico, muy apreciado por los rusos. Foto: Håkan Karlsson.

Otros restos

También hay otros tipos de rastros como, por ejemplo, en El Purio, donde los cuatro soldados soviéticos Afatjasov, A., Youralev, E., Znamenski, B. y Maltjev, A. firmaron sus nombres el 1 de octubre en una cueva situada dentro del área de la base. En El Pitirre también se puede encontrar firmas, en este caso en uno de los arcos del hangar derribado, pero son más difíciles de interpretar. En esta base, donde el área de la base tiene muchos arroyos, los soviéticos fueron forzados a construir puentes de cemento para atravesarlos, y en algunos de estos puentes se pueden encontrar todavía huellas de botas y ruedas de la crisis.

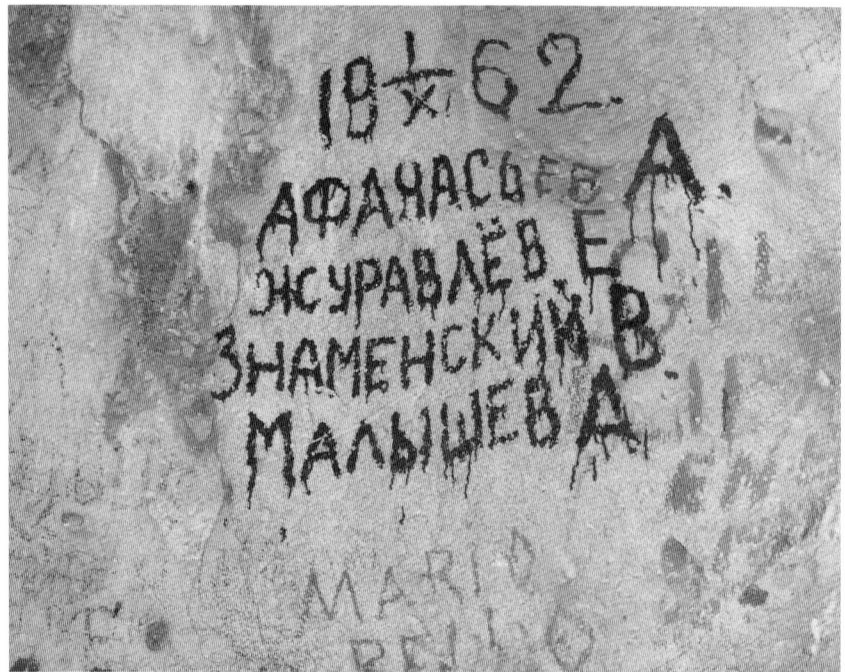

Imagen 48. Firmas de soldados soviéticos en una cueva dentro del área de la base en El Purio. Foto: Håkan Karlsson.

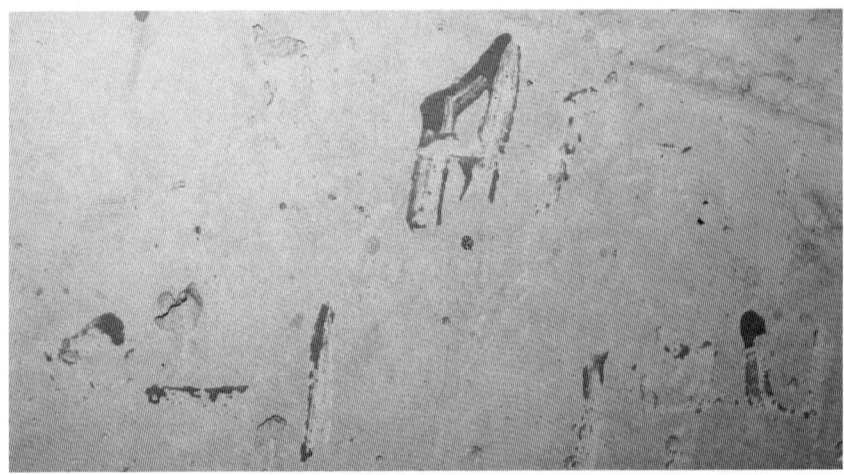

Imagen 49. En uno de los arcos en el hangar derrumbado en El Pitirre aparece una inscripción que es difícil de interpretar. Foto: Racso Fernández Ortega.

Imagen 50. Huellas de botas y ruedas de la crisis en un puente de cemento construido por los soviéticos en la base en El Pitirre. Foto: Javier Iglesias Camargo.

La reutilización de los restos materiales

Antes mencioné que las comunidades locales han reutilizado los restos materiales de las bases de tal manera que las mismas no mantienen muchos restos materiales en forma de artefactos. Esto es algo verificado en numerosos testimonios de las personas locales (González Noriega *et al.* en prensa):

> Cuando los rusos se habían retirado, todo el vecindario y la gente del pueblo vinieron aquí en busca de cosas que habían dejado. Ellos encontraron cucharas, latas, botas, mantas, capas y una gran cantidad de nailon. (Omar López Lago)

> Sí, dejaron muchas cosas, después las gentes se metieron ahí y se llevaron más, no cosas de importancia, nailon, las planchas rusas... (Juan González Porras)

Así, los pueblos locales han reutilizado todo lo que pudieron encontrar en las bases. Mucho de este material ha sido consumido y gastado durante las décadas siguientes a la crisis, y por eso ahora casi solo queda material durable como metal o cemento. En esta categoría hay dos tipos de material que se han reutilizado más que otros, los de los hangares y las planchas de acero. Antes mencioné que los hangares en El Cacho y Sitiecito todavía están más o menos intactos, y que en los otros sitios investigados han sido derribados. Lo que más se ha reutilizado de diferentes maneras han sido los hangares intactos y el material (los arcos) de los hangares derribados.

Los hangares intactos

Hay hangares intactos en El Cacho y Sitiecito, y el hangar en El Cacho es un buen ejemplo sobre la reutilización de un hangar intacto. Durante décadas, este hangar ha sido utilizado de diferentes maneras y para diferentes objetivos. En los dos años después de la crisis, el hangar fue utilizado como vivienda del campesino Esteban de la Torre Acosta, su esposa Celia y sus tres niños. La familia fue una de las familias campesinas que fueron rápido forzadas a mudarse de sus fincas situadas en el área de las bases durante la construcción y uso de las mismas.

Imagen 51. Dentro del hangar en El Cacho hoy. Foto: Javier Iglesias Camargo.

Recibieron casas nuevas y tierras fuera de las bases, y muchos de ellos siguieron viviendo en sus nuevos lugares después de la crisis (de la Torre Acosta, com. pers.; Díez Acosta, 2002a: 107; González Noriega *et al.*, en prensa). Sin embargo, en este caso, Esteban y su familia eligieron regresar y le dieron al hangar una significancia totalmente nueva. Donde las ojivas nucleares se prepararon algunas semanas antes, los niños vivieron y jugaron (de la Torre Acosta, com. pers.). No obstante, en

1965 las fuerzas armadas cubanas (MINFAR) instalaron un centro para educación y entrenamiento de sus entidades especiales en la antigua base en El Cacho, y Esteban y su familia se mudaron a una casa nueva acerca de la antigua base. Por ejemplo, durante los sesenta el lugar fue utilizado para educación y preparación de las tropas en el marco de los esfuerzos cubanos en la guerra de Angola (Díez Acosta, com. pers.). Durante su uso militar el hangar fue utilizado, por ejemplo, como almacén, club de oficiales y como museo del regimiento (Díez Acosta, 1991; Gustafsson *et al.* 2016, en prensa). Fue también durante este tiempo que se mostró el primer interés por la documentación y conservación de los restos materiales de la Crisis de Octubre como importantes testimonios y como patrimonio de la historia cubana. En 1991, el historiador cubano Tomás Díez Acosta realizó estudios y documentó todas las antiguas bases de misiles nucleares soviéticos junto con personal de las tropas de ingenieros militares cubanos (Diez Acosta, 1991).

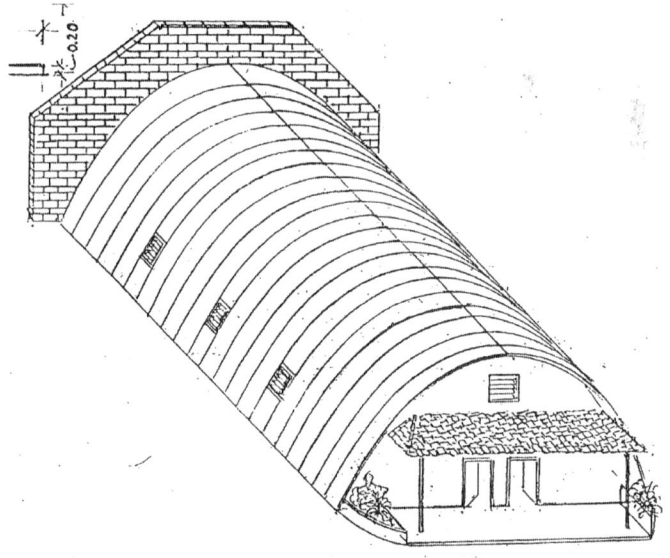

Imagen 52. Esbozo del hangar de Diez Acosta (1991).

En el momento de esta investigación, el hangar de El Cacho fue utilizado como museo del regimiento. Para este propósito, se disminuyó la entrada para permitir el uso de una puerta ordinaria, se construyó un techo sobre la entrada y se abrieron varias ventanas a los lados del hangar.

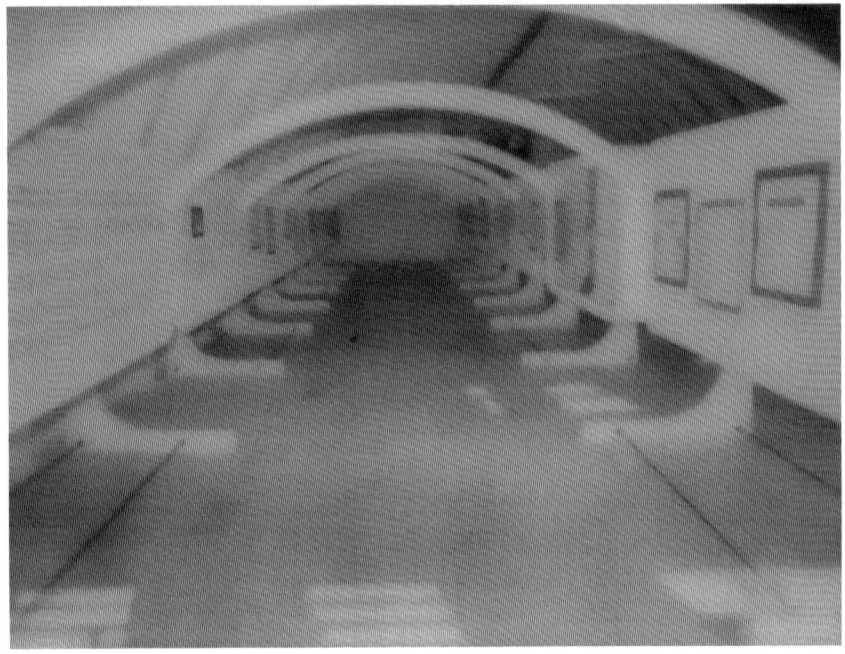

Imagen 53. Foto del hangar en El Cacho como museo en 1991. Foto: Tomás Díez Acosta.

Cuando el uso militar del lugar terminó en 2010, los oficiales municipales en Los Palacios decidieron que la infraestructura existente se debería utilizar para construir un centro turístico de la naturaleza. En este contexto, el hangar ahora funciona, por ejemplo, como un lugar para reuniones y como comedor.

Los hangares derribados

Sobre los hangares derribados, en muchos casos, se han reutilizado los arcos para corrales de puercos y otros animales. A veces también han aplastado el cemento de los arcos para sacar sus fortalecimientos de hierro y utilizarlo como fortalecimiento en nuevas construcciones (Burström *et al.*, 2009, 2013; Gustafsson *et al.*, 2016, en prensa).

Imagen 54-55. Arcos reutilizados para construir corrales. Foto: Mats Burström (arriba) y Håkan Karlsson (debajo).

Imagen 56. Un arco quebrado en pedazos para hacer uso de las barras de refuerzo. Foto: Mats Burström.

4. Los restos materiales y su reutilización - 73

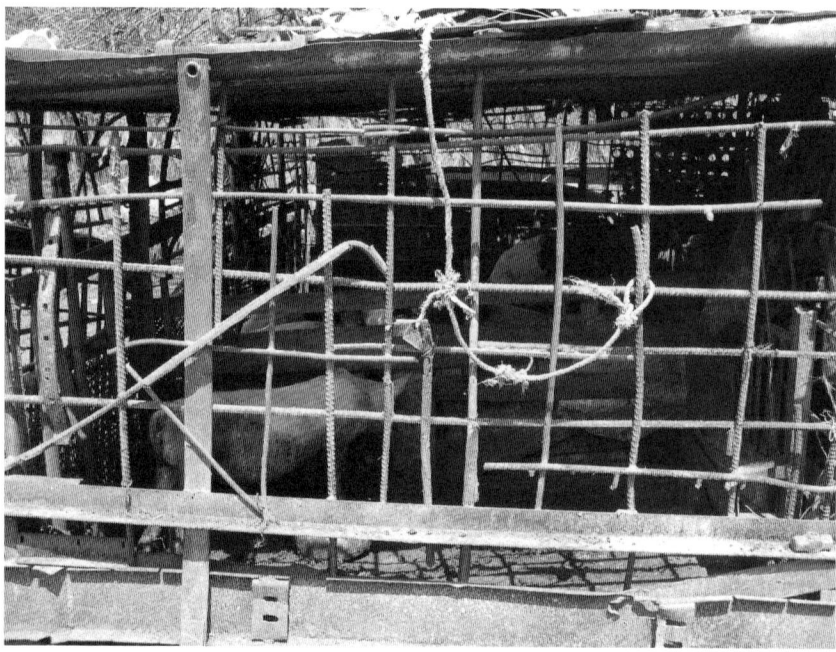

Imagen 57. Un corral de cochinos construido con barras de refuerzo reutilizadas. Foto: Mats Burström.

Las planchas de acero

En el ambiente de las bases en el oeste de Cuba, el material más destacado para la reutilización, y como se puede encontrar en numerosos pueblos y en lugares en el campo, son las planchas de acero o, como son nombrados por los campesinos, «planchas rusas». Estas planchas son de acero y tienen agujeros perforados en filas y en forma de U, formando canales entre los agujeros. Tienen ganchos aplicados en uno de sus lados, y ranuras en el otro lado, de manera que un número de planchas pueden ser empalmadas. Las planchas que hemos observado en Cuba son piezas solas con un peso de 25 kilos, una longitud de 3 metros, y una anchura de 0,40 metros. Cada plancha tiene una anchura de 3 agujeros y tiene 29 agujeros en su longitud, es decir, 87 agujeros en cada plancha.

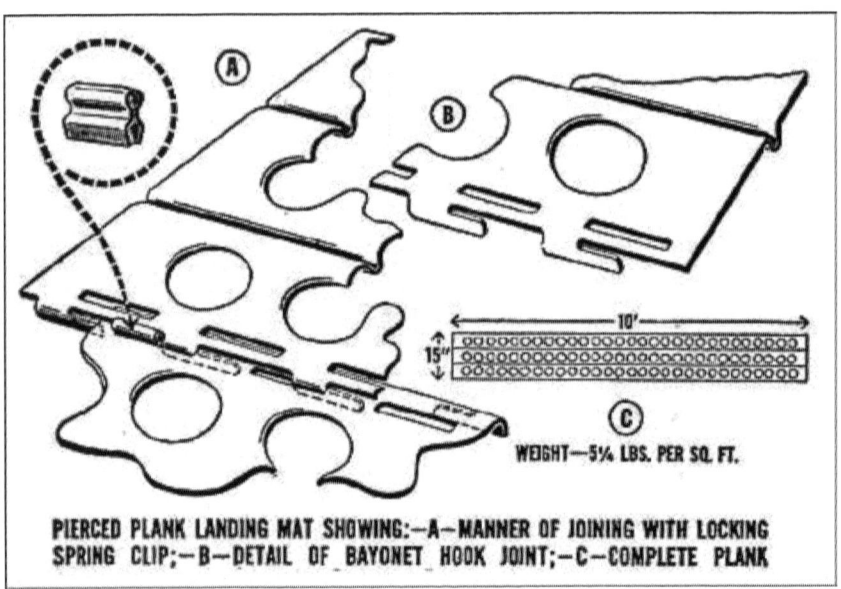

Imagen 58. Esbozo de un Marston-alfombra. (Utilizado con permiso del The National Museum of the US Air Force. No: 050429-F-1234P-028).

Imagen 59-60. Marston-alfombras utilizadas como puente y como corral de puercos. Foto: Mats Burström.

Este tipo de plancha de acero tiene una historia cultural muy interesante, ya que originalmente era desarrollada por el ejército estadounidense en 1941, principalmente para la construcción rápida de pistas temporales y pistas de aterrizaje (Gabel, 1992: 182-185; Cannon, 1979: 39-43; Cohen, 1993: Mola, 2014). Su nombre oficial era PSP (del inglés, *Perforated Pierces Steel Planking*) y recibieron el apodo «Marston-alfombras», ya que originalmente eran fabricadas en una zona adyacente a la ciudad de Marston, en Carolina del Norte, EE.UU. (Mola, 2014). Estas planchas fueron extremadamente útiles, y durante la Segunda Guerra Mundial se utilizaron extensivamente para construir pistas de aterrizaje en todos los escenarios de la guerra donde EE.UU. estuvo involucrado; por ejemplo, en el Pacífico y en las invasiones en Francia y Sicilia (Gurney, 1962; Cannon, 1979: 39-43; Gabel, 1992: 182-183; Mola, 2014).

Imagen 61. Un avión del tipo Curtiss P-40 «Warhawk» en Marston-alfombras en Milne Bay, Papúa Nueva Guinea en septiembre de 1942. (Usado con permiso del Australian War Memorial. Fil: AWM 026647).

Durante la Segunda Guerra Mundial, EE.UU. apoyó a sus aliados, incluyendo a la Unión Soviética, con Marston-alfombras, dentro del marco de la política *Land-lease* (Mola, 2014). Esta política era un programa bajo el cual los EE.UU. apoyaron a sus aliados con alimentos, petróleo, armas y otros tipos de material militar entre los años 1941 y 1945 (Allen, 1955; Dawson, 1959; Herring, 1973; Weeks, 2004). El material de *Land-lease* fue transportado y entregado a la Unión Soviética a través de los convoyes del Ártico, el corredor persa y la ruta del Pacífico (Kemp, 2004). Es difícil saber a través de qué ruta las Marston-alfombras que se pueden encontrar en Cuba fueron transportadas a la Unión Soviética, pero solo podemos concluir que llegaron a su destino. Durante la Segunda Guerra Mundial se utilizaron en la Unión Soviética para la construcción de pistas de aterrizaje, pero probablemente también para la construcción de carreteras y el reforzamiento del terreno para vehículos pesados durante la guerra en el frente oriental y durante la marcha hacia Berlín. Después de la Segunda Guerra Mundial, las planchas fueron utilizadas en la Unión Soviética hasta la Crisis de Octubre.

Durante la crisis, los regimientos misiles soviéticos las utilizaron para: mejorar los caminos dentro de las bases de misiles, en lugares de las bases donde el suelo era demasiado fangoso, reforzar el suelo cerca de las rampas de lanzamiento y para construir techos para trincheras y refugios (Díaz Jiménez, com. pers.; Díez Acosta, 1997; González Noriega *et al.*, en prensa). Del mismo modo que ocurrió con los hangares, los regimientos de misiles soviéticos no tuvieron tiempo suficiente para recuperar y cargar las planchas para el transporte debido a la rápida retirada, y las planchas fueron abandonadas en el campo cubano.

4. Los restos materiales y su reutilización - 77

Imagen 62. Marston-alfombra reutilizado como una verja. Foto: Javier Iglesias Camargo.

Ahora las planchas de acero son reutilizadas por los campesinos que viven cerca de las antiguas bases para diferentes cosas. Por ejemplo, para la construcción de corrales para sus animales y como paredes en diferentes edificios. Sin embargo, las planchas también son reutilizadas en los pueblos cercanos de las antiguas bases.

Imagen. 63-64. Marston-alfombras utilizados como una pared de un granero y como corral. Foto: Håkan Karlsson (izquierda) y Javier Iglesias Camargo (derecha).

Imagen 65. Marston-alfombras utilizados para la construcción de una tienda de bocadillos en Santa Cruz de los Pinos. Foto: Håkan Karlsson.

4. Los restos materiales y su reutilización - 79

Imagen 66. Marston-alfombra utilizado para clasificar botellas. Foto: Mats Burström.

Otro material reutilizado

También hay otros tipos de material que se han reutilizado, como por ejemplo: postes de cemento que rodearon las bases, y, específicamente en Santa Cruz de los Pinos, bloques de cemento de los edificios del alojamiento y el cemento de los pisos de los mismos.

Imagen 67. Restos de los pisos de los edificios del alojamiento mezclados con postes en Santa Cruz de los Pinos. Foto: Håkan Karlsson.

4. Los restos materiales y su reutilización - 81

Imagen 68. Postes reutilizados en el campo de El Pitirre. Foto: Tony Axelsson.

5

Los recuerdos y las narraciones

Imagen 69. Entrevista. Foto: Javier Iglesias Camargo.

Las entrevistas que se han hecho han sido realizadas a diferentes personas y en diferentes contextos (como el campo, en los museos o en las casas de la gente). Naturalmente, se puede señalar el hecho de que las personas entrevistadas están reconsiderando recuerdos y narraciones que tienen casi medio siglo de edad, y, asimismo, se puede también discutir el carácter plástico de los recuerdos (González Noriega *et al.*, en prensa). Sin embargo, a pesar de eso hay algunos temas generales que pueden ser reunidos desde los testimonios.

El tráfico pesado

Algunas personas recuerdan a los primeros soldados soviéticos que llegaron para la construcción de la carretera a las bases. Pero para la mayoría de los aldeanos la vista y el sonido del pesado tráfico militar, que repentinamente comenzó a pasar a través del pueblo a finales de septiembre, es el recuerdo más profundo de su contacto inicial con los soldados soviéticos y las bases. Este tráfico, que tuvo lugar principalmente durante las noches, incluyó una serie de diferentes tipos de vehículos y hay recuerdos de: *jeeps*, tanques, camiones y camiones camuflados con remolques que contenían cosas que eran largas y estrechas. Parece como si la mayoría de la gente en los pueblos inicialmente no supiera lo que estaba pasando en absoluto, pero había rumores iniciales sobre las armas colocadas en tiendas de campaña y túneles. Durante la existencia de las bases estuvieron un poco más informados, y parte de esta información pudo haber sido proporcionada por muchachos curiosos que escalaban las montañas y lomas cercanas a algunas de las bases y desde allí miraban hacia las bases. Uno de ellos recuerda que desde esa posición lo vio todo como desde un helicóptero. Sin embargo, la mayoría de la gente afirma que principalmente fue después de la crisis cuando conocieron el propósito de las bases y su importancia en la política mundial. Algunas personas también recuerdan el último colon soviético de vehículos que salía de las bases, ya que era extra largo y parecía durar para siempre. No obstante, eso también terminó y los vehículos se detuvieron para pasar y todo fue tranquilo.

Imagen 70. Trabajo antropológico cerca de la base en El Pitirre. Foto: Javier Iglesias Camargo.

Miedo a la guerra

El hecho de que las personas que vivían en los pueblos no sabían lo que estaba pasando en las bases, por supuesto, explica por qué pocas personas se refieren a algún tipo de sentimiento de miedo en relación con las actividades militares soviéticas en las bases. Sin embargo, hay excepciones y algunas personas refieren que algo temeroso existió en las bases, y temieron que si algo salía mal todos iban a morir, ya que vivían cerca de ellas. Otras excepciones están conectadas con las frecuentes pasadas de aviones de EE.UU. con el propósito de documentar y fotografiar las actividades en las bases. Estos aviones pasaban a alta velocidad y a baja altura de las palmas, y hacían un ruido tremendo. Algunas personas pensaron que la guerra había comenzado cuando escucharon el estruendo de estos aviones al pasar.

Intercambio de bienes

Un número de personas recuerdan sus contactos con los soldados soviéticos en relación con el intercambio de varios tipos de bienes. Dado que los cubanos no tuvieron acceso a la base, este intercambio tuvo lugar en los pueblos cercanos cuando los soldados iban en camino hacia, o desde, las bases, en varios vehículos o cuando tenían permisos.

En algunos casos, soldados y cubanos también organizaron reuniones para el intercambio de mercancías fuera del pueblo. Los principales bienes que le interesaban a los soldados era alcohol en forma de ron o Alcoholitis (90% ron para uso médico). Como los soldados no tenían dinero utilizaban equipo militar y artículos como jabón, botas y otras prendas, cuchillos y, en algunos casos, relojes como cambio por el alcohol. Este grande interés en el alcohol parece haber dejado una impresión en las memorias y un buen número de gente recuerda que los soldados estaban interesados principalmente en el alcohol porque venían de un clima frío.

Imagen 71. Un grupo de soldados cubanos y soviéticos durante la crisis de octubre de 1962. Este tipo de fotografías son muy insólitas y por lo mismo es un testimonio bastante único. Foto: Francisco Mayer.

Haciendo amigos

La relación entre los soldados y los aldeanos parece haber sido suave y cordial, y a veces, la relación se convirtió en amistad. El interés del soldado soviético por el alcohol, al que hace referencia mucha gente, no parece haber llevado a ninguna mala conducta por parte de estos, ya que todos los recuerdos los describen como tranquilos y muy educados. Un hombre, 11 años en la época, recuerda haber recibido un montón de pastillas de azúcar de parte de los soldados y otros recuerdan haber recibido cigarrillos. Se dice que la mayoría de los soldados eran jóvenes (entre los 18 y los 25 años de edad) y para la mayoría de ellos esto debió ser la primera vez que experimentaban otro país y otra cultura. Algunos de ellos hablaban un poco de español, y trataban de hacerse entender un en el pueblo. Existían también lugares donde los soldados se encontraban con jóvenes (en su mayoría niñas) de la aldea, y dos hermanas recuerdan que alrededor de 20 personas, una mezcla de soldados y lugareños, se reunían alrededor de un árbol de Mamoncillo en el jardín de sus padres. Recuerdan especialmente a un soldado llamado Vladimir que llamaban Vlado, que extrañaba a su madre y a su hermana Gatchenka, y después de la crisis intercambiaron cartas, pero de él dejaron de llegar.... En estas reuniones se daban acercamientos entre soldados y chicas locales, pero nada más, ya que se dice que los soldados no eran groseros y que mostraron respeto a las chicas, incluso cuando bebían mucho, porque eran siempre educados. Un hombre de unos 30 años en la época, recuerda la amistad que evolucionó entre él, su familia, y el teniente soviético Vitalij que tenía 21 años de edad y que a menudo los visitaba. Una mujer de unos 27 años mantuvo una relación estable con un oficial ruso de Georgia durante la crisis. Ella recuerda especialmente que le regalaba a su hija de 5 años caracoles del mar. En general, todas las personas que hicieron amigos entre los soldados soviéticos se apenan por el hecho de que se fueran tan rápidamente de los sitios de misiles, ya que ni siquiera hubo tiempo para un adiós adecuado.

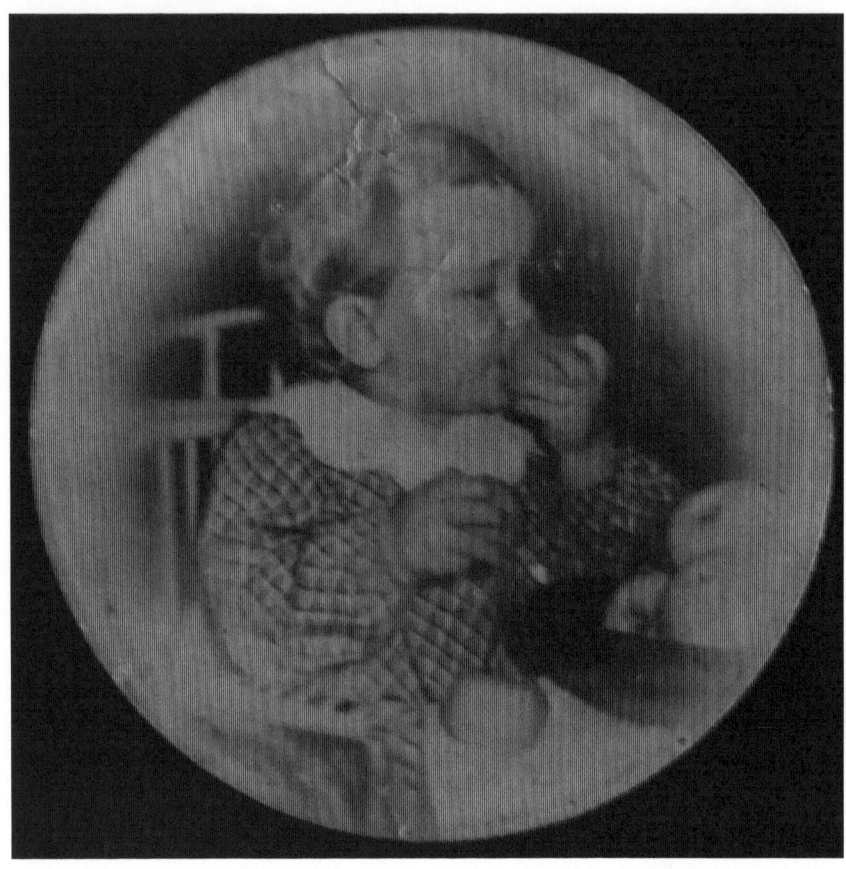

Imagen 72. Foto de una niña rusa que regaló un soldado ruso a un campesino en El Pitirre.

5. Los recuerdos y las narraciones - 91

Imagen 73. Grupo de estudiantes de la escuela rural Santa Rosa. Se puede apreciar con gorra, el segundo de izquierda a derecha, a un soldado soviético de la base de La Rosa.

A continuación voy a ejemplificar los resultados y el contenido de las entrevistas con algunos ejemplos de estos testimonios únicos.

Rosendo Díaz Jiménez

En octubre de 1962, Rosendo tenía 22 años de edad y vivió cerca de la base en El Pitirre.

(El Pitirre 2015, Javier Iglesias Camargo)

¿Qué recuerdas de la crisis?

Cuando llegaron los rusos lo primero que hicieron fue levantar el campamento con tiendas de lona. Mi familia tenía un rebaño de más de cincuenta cochinos sueltos en los potreros. Los animales empezaron a molestar a los rusos porque su campamento estaba en uno de los potreros de los cerdos.

Los rusos tenían muchas trincheras en forma de L. Las planchas de acero las pasaban por arriba y eran para que los camiones no se atascaran. También tenían un cine en una lomita cerca de mi casa. La primera vez que vi una película la vi en el cine de los rusos.

Como el campamento era en la finca de mi familia, para seguridad nuestra, nos trasladaron a casas de amigos y familiares. Yo comencé a trabajar en el barrio campesino que se construía en Peña Blanca [El Pitirre].

El día 27 de octubre, yo iba con la yunta de bueyes trasladando el guano para el techo de las casas. Vi el avión volando bajito, oí a la artillería antiaérea tirándole y del susto me tiró para la cuneta y solté a los bueyes. El avión venía del Cacho y cuando le tiraron las antiaéreas de Bardaji subió y se fue por las lomas de La Tranquilidad. Al otro día volvieron a pasar los aviones, pero no le tiraron. Yo iba en el caballo y salté para la cuneta. Del susto perdí mi billetera.

Un día mataron un cochino y nos lo llevaron a donde trabajábamos para que se lo preparáramos. Parece que se estaban aburriendo de su comida. Cambiaban todo por alcohol: ropa, zapatos, capas, etcétera.

Otro día recogíamos al ganado. Nosotros teníamos unos toros que eran muy bravos. Los rusos no lo sabían y se metieron en el potrero. Cuando llegamos, los toros tenían a los pobres hombres acorralados contra unas matas de limón. Los pobres, cogieron más cornadas. Recogimos los toros y los rusos nos decían ¡*Pasiva, tovarich!* Nunca entendimos que significaba aquello.

Cuando los rusos se fueron, Franco y Borjanos nos dijeron que podíamos volver a nuestra finca. Nuestra casa funcionó como cuartel y tenía muchos armarios y entarimados. Dejaron muchas cosas. Los campesinos de aquí recogimos lo que encontramos y nos era de utilidad: planchas de acero, lajas de cemento, nailon, etcétera. Las empleamos en muchas cosas. Las mejores eran las planchas de acero, ya que servían para cercas perimetrales, cercado de corrales de cochinos o puentes improvisados. Venían en paquetes de 25 unidades.

Clotilde González Martínez

En octubre de 1962, Clotilde tenía 27 años de edad y vivió cerca la base en El Pitirre.

(Los Palacios, 2015, Estrella González, Javier Iglesias Camargo, Håkan Karlsson, Stefan Kovacs)

Nos dijeron que había una cubana que tuvo un novio ruso, o más correcto un amigo ruso durante la crisis.

¡Solamente éramos amigos! Nosotros teníamos una casa de campo y él iba mucho allí.

No importa... lo interesante es este tipo de relaciones entre los rusos y los cubanos durante la crisis. Nos dijeron también que él era checo.

Sí, de Checoslovaquia, él hablaba medio enredado, me decía Clotilde, mamá... él era muy noble y muy sano.

Probablemente él era un especialista de cierta manera en la Unión Soviética. A nosotros nos sorprende un poquito ya que debió ser un gran especialista durante la Crisis de Octubre.

Él hablaba mucho de su abuela y de su mamá.

¿Era atento contigo?

Sí, era muy atento con mi mamá, con mi papá y con mi niña. Hablaba español, a veces un poco enredado, pero yo lo entendía.

¿Entonces era respetuoso contigo?

Sí, con mi hermana también, él decía que se aburría allá en el campamento, estaba aquí un rato y conversaba con nosotros.

¿Qué edad tendría él?

Yo tenía 27 y el más o menos entre 20 y 30, no recuerdo bien, ya que yo he tenido tres infartos y la memoria me falla. Él hablaba mucho de su familia, de que su abuela era católica y le gustaba ir a la iglesia. Me decía que ellos no podían ir a la iglesia, pero los más viejitos sí.

¿Y dónde vivía usted en aquel entonces?

En el Pitirre.

¿Entonces estamos hablando de tu casa en el Pitirre?

Sí, la casa de mis padres.

¿Recuerdas su nombre?

Le decían Ankoc. No sé si era el nombre o el apellido. A él le gustaba hablar de la familia con mi mamá y mi papá, todos reunidos conversando en el campo o en la sala.

¿Cómo era el trato de él con tu niña?

Él se llevaba bien con la niña. Él era buzo, buceaba en el Mariel, y le regalaba caracoles. La niña tendría como 5 o 6 años. Ahora me acordé bien, él era de Georgia, porque me decía «yo soy de Georgia».

¿Tú tuviste algún contacto con el después de la crisis?

No, cuando ellos se fueron no supe más nada de él.

¿Nunca fueron con determinadas cosas para hacer algún tipo de trueque, yo le doy tal cosa y ustedes me dan otra?

No.

¿Solamente iban de visita?

Sí, de visita.

¿Le gustaba el café? ¿Le hacían café?

Seguro, aunque ahora no lo recuerdo muy bien. En mi casa hacían café a toda hora, somos muy cafeteros… ¿En qué época fue eso? No recuerdo los meses, ¿en el año 62? No recuerdo los meses.

Debe ser porque históricamente los georgianos no se llevaban bien con los rusos, siempre tuvieron problemas.

Sí él hablaba mucho con mi mamá y mi papá, y yo también le averigüé cosas de su vida.

¿Entonces, como yo entiendo, ustedes tuvieron un intercambio sentimental?

De vez en cuando… a veces venía mucho, pero otras se demoraba en visitarnos, y cuando volvía nos saludaba un rato y se volvía a ir.

¿Tú dices que era buzo, en que zona buceaba?

En el Mariel.

¿Cómo se vestía para ir a visitarlos, en uniforme, en camuflaje?

Ellos nos visitaban, pero más bien me daba la impresión que era a escondidas. Él era jefe, y tenía jefes superiores, pero él no me decía nada de eso, ni de política, solamente hablaba de la familia.

¿Cómo fue que ustedes se conocieron?

Porque allí había milicianos, eran los que estaban allí con ellos, entonces los milicianos visitaban mi casa y él venía con ellos.

¿Hay algunas anécdotas que recuerdes de esos intercambios?

Es que hace tanto tiempo que no recuerdo, hace casi 53 años.

¿Nunca se tiraron una foto?

No.

¿Tú estabas casada?

No, ya me había divorciado.

¿Tú estabas divorciada con la niña en aquella casa?

En la casa de mis padres. Dicen que él era mi novio, pero nunca lo fue, nunca se propasó: era muy respetuoso y no era una persona atrevida.

¿Ustedes solamente tuvieron un intercambio varias veces, nunca te insultó?

No, él no era muy guapo, más bien feíto, bajito y con los ojos verdes. Pero era una persona muy sana. Me dijo que extrañaba su patria.

¿Y tus padres permitían la entrada de él a la casa?

Sí, cómo no, y hablaba con ellos también. Nunca habló de cosas extrañas, hablaba de su familia, de los militares.

¿Allí donde ustedes vivían, vivían otras personas?

Sí.

¿Y también él los visitabas?

No, más bien él iba solo a mi casa, ya que mi papá era comerciante.

Ya, ¿tenía una posición económica y social?

Mi papá tenía su finca, sus animales; era muy noble.

¿Tuvo tiempo para despedirse de ustedes?

No, sucedió muy rápido: levantaron el campamento y de fueron.

Juan González Porras

En octubre de 1962, Juan tenía 26 años de edad y vivió cerca de la base en El Pitirre. Durante la crisis trasladó madera y materiales de la construcción para el barrio campesino que se construía cerca de El Pitirre.

(El Pitirre 2015, Jorge Clark, Javier Iglesias Camargo, Håkan Karlsson, Stefan Kovacs)

¿Qué recuerdas sobre la crisis?

Hay que hablar de lo real y de lo que yo vi y viví allí, ya que estaba dentro de eso. La base rusa estaba ahí, entonces vino una artillería cubana y se instaló allá arriba en una loma salvaje, y la otra artillería en El Pitirre. Entonces aquí estaban los rusos, en Peña Blanca, allí se iba hacer una pista de avión, ahí estaban todos los cohetes, y los rusos trabajan duramente con sus trincheras. Había unos vecinos que los iban a sacar porque era necesario que entregaran los terrenos para esas bases. Entonces yo vine para ahí con el comandante Franco que era el encargado de todo eso. El día que los aviones de Estados Unidos pasaron, pasaron muy bajo, y ellos no tiraron… Ya tenían las bases y los cohetes ahí, lo tenían todo tapado en cajas y tapado con nailon… Hasta que se decidió romper la base, entonces la desarmaron y empezaron a recoger todos esos cohetes y aviones que había sin armar.

¿Entonces, tú estuviste aquí durante toda la crisis?

Sí, yo estuve todo el tiempo. Mirándolo todo, ya que aquí hay gente que te cuentan cosas y de verdad no estuvieron, yo sí lo viví todo.

¿Qué recuerdas tú sobre los aviones estadounidenses?

A veces pasaban 4 o 5 aviones en el día. Eran negros y pasaban rapidísimo, bajo, a la altura del palmar. Hacían un ruido tremendo.

¿Pero tú entraste a la base también?

Sí, yo entré a la base, allí tenían los campamentos y todos los hierros, yo los vi ya que yo podía entrar allá donde estaban los arcos.

¿Tú viste algunas otras cosas en la base?

Hacían muchas trincheras. Peña Blanca entera estaba hueca.

¿Algunas anécdotas que recuerdes con ellos?

Ellos salían de aquí, ya que esta finca no estaba intervenida todavía, y se iban a buscar alcohol ron o lo que encontraran a una bodeguita. Se montaban después en unos tanques y se iban para allá por la cerca, a dejar que se acabara el mundo. El médico que había aquí, el dueño de la cerca, imagínate, estaba endiablado ya que se le escapaban los cochinos y el ganado, pero ¿quién paraba los rusos? Nadie los paraba. Tú los veías que pasaban por ahí a cualquier hora de la noche, había una bodeguita en el pueblo y acababan con todo el ron, el alcohol, lo vaciaban todo.

¿Buscaban también comida?

Un día, un cochino del médico se apareció cerca de las trincheras rusas. Era grande y gordo. De repente escuchamos un tiro de fusil AK. A la media hora apareció un oficial ruso de entre 40 y 50 años, con dos ayudantes jovencitos y el dichoso cochino muerto. Quería que se lo preparáramos para comerlo. Ja, ja, ja, parece que estaban un poco cansados de la comida que les daban en la base. Nosotros nos comimos un pernil.

Permíteme una pregunta directa, ¿eran respetuosos con los cubanos?

Sí, cómo no, ahí había muchos rusos que andaban como locos, pero eran muy respetuosos. Imagínate que un día cuando el medico recogió los cochinos con la otra gente, se metió un cochino ahí, lo cogieron y me lo llevaron para allá. Llegaron en el camión, me llamaron y me dijeron que lo matáramos y nos lo comiéramos, y yo con ellos y toda la gente que trabajaba conmigo lo hicimos.

¿Cuántas personas trabajaban con usted?

Yo tenía una brigada entera trabajando en las casas de los vecinos que iban a trasladar. No faltaban al respeto, al contrario, eran muy respetuosos. Sin embargo, muchas gentes se les acercaron a comprarles cosas, como relojes. Ellos trataban de vendérmelos a mí, pero yo no los quería. Por esas cosas les podían meter en el calabozo, ya que tenían una cárcel allá adentro, y al que cometía alguna indisciplina lo trancaban. Ellos no salían lejos de sus tierras, de su trabajo. Yo en ocasiones almorzaba allí con ellos, abrían latas de carne y sacaban el pan prieto y ahí almorzábamos.

¿Tú hablaste mucho con los rusos?

Hablé con muchos, pero no los entendía. Compartía con ellos la comida, me daban mucha carne rusa y pan negro.

¿Pero después, los rusos dejaron algunas cosas?

Sí, dejaron muchas cosas, y cuando se fueron las gentes se metieron ahí y se llevaron cosas, no cosas de importancia: nailon, las planchas rusas, destapaban las trincheras... En los arroyos se hicieron puentes de cemento hasta los campamentos de ellos, es decir hasta el territorio de ellos, porque ellos marcaban el territorio. Ellos no salían de ahí pero cuando salían era sobre todo a tomar ron.

¿Existía algún lugar donde ellos almacenaban la basura por ejemplo?

No sé, en eso no me fije. Pienso que seguro que lo tenían donde estaba el campamento. Sí porque desde la puerta a allá donde tenían el territorio, tenían que ir botando esa basura y apilándolo en un lugar. Luego vinieron algunos cubanos y tuve que llevarlos hasta la base rusa, donde estaban las planchas. Allí le tiraron fotografías, retrataron el mogote de Peña Blanca [El Pitirre], y me tomaron varias fotos a mí encima de las planchas. Luego, cuando cogieron las tierras de esta finca, ya que la pista iba más acá de la base, marcaron el territorio.

¿Pero hicieron la pista o no?

No, solamente se limpió, incluso luego hubo una movilización aquí y vino un helicóptero y estuvo allí tres días, durante la movilización en todas las tierras estas, pero ahí pista nunca.

¿Tú recuerdas algo más?

Un día los vi bañándose desnudos en el arroyo. Eran muy jovencitos. Pasaban en los tanques hacia la bodega de Pastor y lo cambiaban todo por ron.

Oneida Lara López y Efiginia López Martínez

En octubre de 1962, tanto Oneida y Efiginia tenían alrededor de 20 años y vivían en Santa Cruz de los Pinos.

(Santa Cruz de los Pinos 2006, Estrella González Noriega, Kattis Hellberg)

¿Qué recuerdan acerca de los soviéticos y la base soviética?

Durante un corto tiempo, a menudo recibíamos la visita de algunos compañeros rusos que vinieron aquí. Se acercaban para descansar de su trabajo en la construcción de la base, pero sobre eso solo sabíamos un poquito. Vinieron y se sentaron bajo el Mamoncillo [tilo español] todos ellos, alrededor de 20 personas. Nos hicieron contar pequeñas historias, pero no entendían nada, ya que les hablábamos en español. Pero había algunos de ellos que hablan con nosotros, ya que entendían un poquito.

¿Así que hablaban español?

Sí, entre ellos había una persona llamada Vladimir que lo hablaba, y es el que recordamos mejor. Le decíamos Vlado y él era un tipo muy agradable que amó mucho a su madre y a su hermana Gatchenka. Fue una de las personas con quien más hablamos y también a la que más extrañamos. Hablaba con mucha nostalgia de su país, le gustaba Cuba, pero también la propia tierra se extraña mucho. No sabemos si tenía una novia o estaba casado, nunca lo mencionó, pero él amaba a su madre. Se convirtió en una persona muy popular aquí. Dos o tres años después de haberse marchado recibí una carta suya. Yo contesté, pero nunca supe nada más de él. No sabemos qué pasó con ellos, desaparecieron inesperadamente y nunca supimos nada más.

¿Qué hicieron cuando llegaron aquí?

Conversaron, rieron y hablaron de su tierra natal. Los que podían hablar español hicieron muchas preguntas con respecto al lugar más barato para ir de compras. Parece que para comprar cosas para llevar a casa…. Fue una fina experiencia que tuvimos cuando éramos jóvenes... Algunos meses, no más antes de que empezaran a desaparecer, recuerdo que estaban sentados exactamente aquí y recuerdo que Vladimir, Vlado, me pidió una foto. Le di una foto con mi marido dedicada a él.. Yo era joven y recién casada.

¿Qué le dijo su marido al respecto?

No le debería haber gustado, pero nunca llegó a saber sobre eso. Mi hermana también le dio una foto y mi hermana es muy bonita. Ella quiso dedicarle la foto como un amigo y nos hizo experimentar un tiempo de juventud juntos aquí... a mí, a Efiginia y a las otras chicas que viven aquí.

¿Eran los chicos como novios?

No, no eran como novios, mostraron mucho respeto.

¿Pero para ser un novio hay que ser irrespetuoso?

No, lo sé... pero parece como si estuvieran pensando sobre todo acerca de su tierra natal, como si hubieran dejado algo... Habían dejado a sus familias y llegaron a un país extranjero.

¿Cuándo vinieron aquí vinieron en camión?

No, vinieron a pie.

¿Vinieron juntos en un grupo?

Sí.

¿Ellos bebían cuando venían?

Sí, ellos bebían mucho, les gustaba beber, ya que se dice que su país tiene un clima frío.

¿Cómo consiguieron mantener las bebidas?

Lo arreglaron ellos mismos. Tenían un matraz de bolsillo o una botella de aluminio.

¿Qué dice la gente aquí en el pueblo acerca de su presencia?

Algunos tuvieron temor, y dijeron que los rusos eran malos.

¿Se puede decir algo sobre eso?

La única cosa que puedo decir es que algunas personas lo dijeron... que eran malos... que eran personas desconocidas. Que no sabíamos cómo eran. Pero yo, que estudié, había oído que habían llegado a Cuba para ayudarnos. Cuando estábamos en los años veinte, el gobierno ruso ya existía y el pueblo ruso nos ayudó desde el principio, y es por eso que vinieron aquí.

¿La gente en el pueblo sabe sobre la base?

Bueno, es cierto, en el pueblo era conocido.

¿Sabían lo que había dentro de la base?
Se debería haber sabido.

¿Pero sabían que estaba conectado directamente a la Crisis de Octubre?
No, fue solo después que lo supimos.

¿Qué opina usted acerca de la Crisis de Octubre a día de hoy?
Yo era joven y no sabía nada, pero había gente que decía que podíamos volar en pedazos... pero no sabía para qué fue construida la base. Me dijeron que existían túneles y armas, pero no sabíamos nada.

¿Qué le parece Efiginia?
Yo tenía mucho miedo.

¿Por qué?
Había oído que algo existía allí y que algo terrible podría suceder... y que todos íbamos a morir, ya que estábamos viviendo tan cerca de ella. Tenía miedo, pero todo salió bien al final.

Creo que tenía miedo y que la hizo tímida. Ella siempre ha sido tímida cuando se trata de conversaciones. Ella es una persona que...

¿Teníais miedo a los rusos?
No, aquí se hablaba con ellos.

¿Tenía miedo de la la base?

Algo allí era peligroso, pero no pasó nada, nada malo ha pasado... No sabíamos si había un peligro o no, al menos no nosotros y nuestros amigos que estaban en nuestra edad hace cuarenta años. Hicimos estudios y cuando se estudia solo estamos interesados en los libros. Somos estúpidos en un sentido... me refiero a los estudiantes en comparación con las mujeres en la calle. Las mujeres en la calle llegan a conocer todo. Ellas saben todo, pero no sabíamos nada de todo eso... de la base... Nosotros solo conocíamos algunos chicos de la base que eran soldados privados no oficiales, eran soldados privados, y no llevaban ropa militar.

¿Cómo iban vestidos cuando llegaron al pueblo?

No estaban vestidos con ropa militar, llegaron en camisas y pantalones normales. Algunos tenían jerseys; jerseys blancos sin ninguna impresión.

¿El grupo reunido aquí consistió en jóvenes rusos y muchachos cubanos o también participaron muchachas cubanas?

No hubo chicos del pueblo. Nosotros fuimos un grupo formado por muchachas que vivían aquí. Amigas cercanas, tales como Louisa, Aida, Felipa, Florita, Bernal, Virule... Virule era una muchacha muy hermosa, pero ella no tenía ningún ligón, ni novio. No había nada entre... Los chicos rusos nunca fueron junto con cualquiera y no trataron de ser novios. Tampoco eran de mala educación, se limitaron a beber de sus frascos de bolsillo con ron.

¿Viste los camiones cuando pasaban de camino a la base?

Sí recuerdo que pasaban un buen número de camiones.

¿Viste lo que llevaban cargado los camiones?

Estaban cubiertos de..., no sé, a veces con cosas verdes, no se veía... no sabía lo que era. Llegaron otras máquinas con cosas largas que también estaban cubiertas. Al menos yo no vi más que eso. Era un ruido tremendo, ya que era muchos camiones y cuando salieron del pueblo se oyó.

¿Este tráfico pesado, ocurría tanto de día como de noche?

Sí, pero sobre todo durante las noches.

¿Sus padres hablaban de las actividades militares?

No, mis padres no estaban interesados... O tal vez, simplemente, no hablaban de esto delante de nosotros. Pero es probable que hablaran entre sí acerca de esto. Al menos nuestras madres hablaban porque probablemente tenían miedo ya que nadie sabía lo que estaba pasando. Para nosotros, sin embargo, era casi como algo hermoso e impresionante escuchar los sonidos de los camiones, ver los camiones camuflados con arbustos... era algo nuevo... Recuerdo que aprendí más sobre la base cuando estaba en La Habana estudiando, pero cuando volví a casa me dijeron que no debía hablar de esto, ya que no era de mi incumbencia.

¿Quién dijo que no era de su incumbencia?

Las personas de edad avanzada. Me dijeron: «No es interesante y no es tu incumbencia, tu incumbencia es estudiar». Y cuando desapareció la base no llegaron a saber nada tampoco. Ellos comenzaron a salir de la base y la gente decía que estaban recogiendo sus equipos... eso fue lo que escuchamos... hasta que los sonidos se detuvieron y los camiones se marcharon conduciendo a través. Fue solo en algunas semanas que recogieron todo. Todo fue muy rápido, no me acuerdo exactamente cuando era, pero todo estaba sucediendo rápidamente.

¿En cuanto a los soldados pueden decirnos algo más sobre ellos?

Eran chicos maravillosos, muy agradables. Los que conocimos eran de alrededor de 20 años, y venían a menudo. Fueron maravillosos y respetuosos. Eran de ese tipo de chicos que se puede ver que amaban a sus padres. Todo se trataba sobre sus padres y estaban buscando cosas para comprar y llevar a casa con ellos... ya les he dicho que conocí a Vladimir, o Vlado como se le llamaba. Hablaba mucho sobre sus padres y el resto de ellos hacían lo mismo. Él funcionó como un tipo de traductor para los otros que hablaban menos español. Todos ellos eran muy respetuosos y amables, y nunca llegaron a ser groseros; se comportaron correctamente a pesar que bebían. Y bebían mucho, aunque no se emborrachaban. Por supuesto, solo puedo hablar de lo que sé, y los que se reunían bajo el Mamoncillo [tilo español], una veintena de chicos de entre 20 y 26 años de edad, eran muy agradables y respetuosos. Se veían muy tierno.

¿Venían otros grupos de soldados o solo este grupo?

Nunca vimos a otros grupos.

¿Qué llegó a la aldea?

Bueno, había muchos por aquí y tal vez tenían otros lugares donde se encontraban. Pero los que vinieron aquí empezaron a venir cuando uno de ellos llegó con un pie herido. Tenía una herida que se veía a través de la bota, lo limpié y le di uno de los calcetines de mi padre. Así es como empezó nuestra amistad. Después de eso comenzaron a venir y continuaron visitándonos, pero nunca entraron en la casa; simplemente se sentaban bajo el Mamoncillo [tilo español] y bebían; se quedaban hasta que empezaba a oscurecer y después se marchaban.

¿Qué dijeron los hombres cubanos al respecto?

Uno que lo vio con malos ojos era mi novio, que posteriormente se convirtió en mi marido. Él estaba enamorado de mí, y se puso celoso. Mi marido, el del pelo gris y viejo, él era celoso y no le gustó. Pero estaba equivocado, ya que no eran de ese tipo de hombres. Eran muy tiernos, pero no en el amor. Nunca trataron de juntarse con cualquiera de nosotras, nunca, ninguno de ellos. No sabemos si es que tenían miedo, si pensaban que éramos feas, o si tenían novias en su tierra natal. Tal vez tenían miedo de lo desconocido, ya que vinieron aquí y eran forasteros. Pero por lo que sé, no ha habido una sola mujer cubana en este pueblo que se casara con un ruso. Eran gente muy agradable.

Hay una gran cantidad de coches que pasaron por aquí y hoy siguen pasando muchos coches...

Sí, entonces estábamos aquí y mirábamos cuando los coches y los camiones pasaban. Éramos jóvenes y no teníamos miedo de lo que vimos pasar, pero si viniesen hoy nos aterraría. Debemos tener miedo de lo desconocido.

Sí, sentiría mucho miedo si los viera venir una vez más. Hoy solo pasan los coches normales, que no son los mismos que pasaban entonces.

No. Ahora estamos solo dos ancianas de pie mirando, un poco más felices, pero también más tristes porque ya estamos viejas. El tiempo se disfruta cuando eres joven, se es más feliz: es la primavera de la vida.

Julio Luaces Domínguez

En octubre de 1962, Julio tenía alrededor de unos 30 años y vivía en Santa Cruz de los Pinos.

(Santa Cruz de los Pinos 2006, Estrella González Noriega, Kattis Hellberg)

¿Qué recuerdas de la época en la que los soviéticos estuvieron aquí?

Fue un tiempo difícil, ya que algunas personas tuvieron que abandonar los lugares donde nacieron y vivieron, y también era difícil tener una base militar en el barrio. En cierto sentido, fue una suerte que liquidaran la base. Hicieron un acuerdo y la base fue liquidada a finales de 1962, a finales de octubre y principios de noviembre. Más tarde, en 1963 volvimos a la granja.

¿Tuviste algún contacto con los rusos?

Sí, y nosotros además teníamos un contacto más directo con dos de ellos. Eran oficiales, uno fue llamado Pablo y fue capitán, el otro se llamaba Vitalij y era teniente y ambos tenían alrededor de veinte años. Vinieron aquí a la casa y se reunían con nosotros y nos hicimos buenos amigos. Para ellos éramos como sus propias familias. Llegaban aquí casi todos los días y también visitaban a mi suegro, en la casa de mi esposa. Fueron allí muchas veces ya que mis suegros vivieron cerca de la base. Les gustaba mucho el ron. Llegaban y yo iba a comprar Alcoholitis 90%, aquí en la farmacia. Se lo llevaba a ellos y llegaban a recogerlo. Eran muy aficionados al Alcoholitis y bebieron una gran cantidad de aquello.

¿Es un tipo de ron?

Sí, pero eran muy buenos y agradables vecinos.

¿Cómo se comunicaban?

Algunos de ellos hablaban español bastante bien. Otros no lo hicieron, y no se les entendía en absoluto. Los dos que nos visitaban si hablaban español. Estaban juntos con los cubanos mucho y aprendieron a conocer una gran cantidad de expresiones que entendíamos.

¿Tú entraste en la base en algún momento?

Había una cerca de púas en la curva de la carretera, en dirección hacia las montañas. Los cubanos no podían pasar, solo los rusos. Se me permitió pasar una o dos veces, debido a que el ganado, las vacas, entraron y entonces los rusos me dejaron pasar a recogerlas.

¿Tenías miedo de los cohetes?

No, y es extraño. Tuvimos una base soviética cerca y no deseamos la guerra, no queríamos ningún problema. Ya había un problema más profundo, ya que todas las guerras significan la destrucción del mundo. No queríamos una guerra, pero tuvimos que esperar y ver lo que sucedía. Si hubiera estallado una guerra habríamos luchado, si no, mucho mejor. Pero era difícil, especialmente para nosotros que vivimos tan cerca de la base.

¿La gente se dio cuenta de que la guerra estaba por venir?

Durante ese tiempo yo era joven y cuando se es joven no se piensa tanto, no se creía como se hace actualmente; en el momento no pensé mucho sobre ello. No queríamos una guerra, pero si hubiera comenzado debíamos combatir. Las guerras lo destruyen todo.

No hubo guerra, ¿pero fue debido a los cubanos?

Fue un acuerdo entre los presidentes, entre la Unión Soviética y Estados Unidos, entre Kennedy y Nikita. Los rusos liquidaron la base y se llevaron los soldados y el material de regreso a su tierra natal.

¿Debemos estar agradecidos a los cubanos de esta solución?

No, bueno, los cubanos son muy tranquilos. Es un país muy tranquilo. Somos un país pequeño, una pequeña isla. No es posible buscar problemas con un país más fuerte y más grande, pero al mismo tiempo los cubanos somos valientes, no tenemos miedo.

¿Recuerdas algunos aviones estadounidenses volando sobre la base?

Sí, en una ocasión recuerdo que había dos aviones que volaban sobre la base, y volaban muy bajo, allá en frente de las palmas, sobre la base.

¿Qué pensaste entonces?

Yo pensaba que la guerra iba a comenzar en ese mismo momento, pero solo volaban sobre la base y nadie hizo fuego contra ellos.

¿Estabas nervioso?

No, no, bueno...yo estaba nervioso y pensé que la guerra iba a comenzar cuando los aviones volaron sobre la base.

¿Hay otra cosa que recuerda haber visto en la base?

No, las cosas que tenían allí estaban cubiertas con tela.

Durante la crisis Cuba se convirtió en el interés de todo el mundo

Bueno, por supuesto. Todo el mundo pensaba en la guerra, pero nadie lo quería. ¿Quién quiere una guerra en su país? Es solo bueno para destruir todo, para matar a la gente de todas las edades. Ni una sola vez pensábamos, o vamos a pensar, que una guerra es buena. La guerra es solo la destrucción de todo y, por el contrario, no tenemos la idea de que una guerra pueda resolver algo.

Ignacio Quantana Barbosa

En octubre de 1962 Ignacio tenía 11 años y vivió en Santa Cruz de los Pinos.

(Santa Cruz de los Pinos 2006, Estrella González Noriega, Kattis Hellberg)

¿Qué recuerdas del momento en que la base rusa se instaló aquí?

Tenía 11 años cuando los rusos vinieron aquí. Primero hubo un grupo que vino con el material. Lo hicieron cavar trincheras excavadas aquí para la protección. Lo hicieron llevar a esas planchas para la construcción de la defensa y los puentes, y también para las trincheras, que hicieron uso de las planchas, los cubrieron con tierra y luego con palos. En el interior tenían las armas. Ellos volvieron a cargar mucho por los caminos, para fortalecerse. Yo era un niño y ellos me cogieron y yo dije: *Tabarís, ruski* («camarada ruso»). Les pedí cigarrillos utilizando el lenguaje de signos (por supuesto, no delante de mi madre). Yo era solo un niño, pero fumaba y me dieron cigarrillos, un enorme tocón con un soporte. Me dieron fósforos y me llevaron con ellos al hospital. Había un hospital allí, pero me no se me permitió entrar, ya que desde allí podía ver todo lo que estaban haciendo.

Por lo tanto, su contacto con los soldados ¿se llevaba a cabo dentro de la base o en el camino a ella?

Fue en el camino a la base, en el camión, ya que no permitían que cualquiera entrara en la base.

¿Por qué te recogieron?

Parece que apreciaban a los niños. Yo solía subir al camión;... me gustaban los camiones grandes.

¿Ya fumabas a esa edad?

Sí, me gustaba fumar un buen puro. Me dieron cigarrillos y fósforos y también me dieron turrones de azúcar. Todo en enormes cantidades y todos los días. Los esperaba a ellos cada día y solo subí en un camión. A veces iban a hacer negocios con el alcohol; compraron Alcoholitis; había una gran cantidad de Alcoholitis en ese tiempo.

¿Dónde hicieron el negocio y el intercambio?

No lo recuerdo exactamente, pero fuera del pueblo.

¿Cómo era la relación entre los soldados y los aldeanos en general?

Fue buena.

¿Fueron bien tratados por los aldeanos?

Sí, fueron bien tratados por la gente.

¿La gente en el pueblo sabía lo que existía en la base?

La gente sabía que la zona estaba minada y que la base estaba llena de armas.

¿La gente sabía qué tipo de armas?

No, no sabía esto, ya que se vieron pasar los camiones, pero estaban cubiertos.

¿Qué es lo que viste cuando los camiones pasaban por el camino?

Los vi pasar con las armas, cubiertos con una lona gruesa verde. No vi lo que había bajo la lona.

Aunque las armas estuvieran cubiertas, ¿pudiste ver si eran grandes o pequeños?

Fueron enormes armas en enormes camiones, y algunos camiones tenían rampas de remolque después de ellos; y las cosas en las rampas estaban cubiertas: eran las armas, los cohetes.

Tú nos dijiste antes que viste los edificios dentro de la base, ¿cómo lo lograste?

Se podía ver desde allí arriba, desde la ladera de la montaña. Pero solo si se subía bastante alto.

¿Si se acercaba a la ladera de la montaña?

Sí, se veía todo desde allí. Fui hasta allí y pude ver todo en la base.

¿Tú eras de allí cuando los rusos estaban en la base?

Sí, nací y crecí en La Loma, pero yo siempre estaba en las montañas, que eran como mi vida. Cazar es mi vida; voy allí, arriba y abajo, con mi arma y mi perro, día y noche. Yo solo en las montañas, nunca he cazado junto con nadie.

Tú mencionaste antes que los rusos intercambiaron cosas para conseguir el asimiento de alcohol. ¿Les gustaba beber?

Sí, a ellos les gustaba beber, y bebían mucho. Venían de un clima frío y tenían que beber un espirituoso llamado vodka, que bebían mucho. Una cosa más, la mayoría de ellos era reclutas. Ellos no ganaban dinero, era una cantidad muy baja de dinero que ganaban; es por eso que cambiaban las cosas.

¿Qué se intercambian?

Intercambiaron jabón, en grandes cantidades.

¿Qué tipo de jabón?

Jabón amarillo ordinario, como el que tenemos en nuestro cuarto de baño. Era similar, pero mucho más pequeño. Tenía una buena fragancia, ya sabes, una especie de fragancia de Rusia. Creo que se lavaban muy rara vez… ¿Y sabe dónde se lavaban ellos mismos durante la crisis? En el río, y además durante los meses fríos de octubre y más adelante.

¿Cómo es que lo recuerda?

¿Sabe por qué? Hacía frío, mucho frío, y a ellos no parecía afectarles en absoluto.

¿Se fueron al río para lavarse?

Sí, lo hacían allí temprano por la mañana, con el agua que proviene de las montañas.

¿Los viste bañarse allí?

Sí, los veía en el río cuando entraba en la ladera de la montaña.

¿Los soldados fueron en alguna ocasión a tu casa?

Sí, vinieron a mi casa para el intercambio y para visitarla a ella [probablemente su madre]. Había lazos de amistad ya que eran muy amables. Eran chicos fuertes, chicos muy fuertes. Intercambiaron un par de botas rusas que eran de muy buena calidad, grandes y apretadas en las rodillas. Eran el tipo de botas que los soldados utilizaban en la Unión Soviética, lo vi en una película. Ellos los intercambian por el alcohol ya que no podían permitirse el lujo de comprarlo.

¿Se les permitió ir al pueblo para el intercambio o ...?

No, no, fue cuando circulaban en torno a los camiones.

¿Ellos tuvieron la oportunidad cuando no estaban en la base, entonces?

Sí.

¿Cómo?

Cuando se fueron con los camiones, vinieron, volvieron a cargar y se fueron, todos ellos conducían muy rápido. Eran soldados, se detenían en el pueblo y se quedaban allí el tiempo que quisieran. No tenían prisa, entraron en las casas que visitaron y se quedaron allí por un largo tiempo, y esto continuó durante todo el tiempo que estuvieron estacionados en la base durante la crisis.

¿Recuerdas durante cuánto tiempo se alojaron en la base?

No exactamente, pero seguro más de seis meses.

Tú mencionaste que los primeros rusos que vinieron eran un grupo que preparaban los caminos, ¿cómo se acomodaron en tiendas de campaña? ¿Recuerdas de otros edificios?

Sí, fue en tiendas de campaña, tuvieron un gran número de tiendas de campaña, pero también construyeron pequeñas casas de tablones prefabricadas. Estas tablas eran de pino, y las traían ellos mismos. Los techos, como lo recuerdo, estaban hechos de algún tipo de fibras. No solo construían así la garita del soldado, sino también las centrales de comando para los oficiales. No sé si era para una finalidad u otra ya que era una base muy grande.

5. Los recuerdos y las narraciones - 121

¿Tú visitaste la base después de que los rusos la abandonaron?

Sí, la visité más tarde, después de que se fueron, ya que antes no era posible. La visité algunos meses después de que se hubieran ido, y mucha gente también, porque empezaron a llevarse las cosas.

¿Qué cargaron las personas?

Esas planchas.

¿Algunas otras cosas?

Muchas cosas que habían dejado, por ejemplo, los tablones de las casas. La gente encontró también zapatos, alambre, cajas de municiones...

¿Cajas de municiones?

Vacías, por supuesto.

Tú comenzaste a contarnos un recuerdo sobre un reloj antes...

Un día, uno de los soldados le dio a mi madre un reloj, un reloj muy bonito, un reloj para mujer, que al parecer era de su familia. Un reloj muy bonito, como si fuera de oro, que nunca se puso negro. No se podía pagar ese reloj con nada, pero mi madre lo aceptó. Aunque, en realidad, parecía que nos pagaban así todas las bebidas que recibieron sentados en la casa, bebiendo en la puerta.

¿No le molestó a tu padre?

No, los extranjeros eran invitados y no se molestaba por eso. Entonces se tiene que ser muy...

¿Cuándo te das cuenta de la gravedad de la crisis?

Empecé a enterarme de las cosas cuando me hice mayor. Yo era solo un niño inocente en aquel tiempo. Subí a los camiones y para mí fue algo nuevo. Me gustaba ir con ellos, ir con un extranjero. No sé, quizás cuando fui creciendo y empecé a leer y obtener un mejor conocimiento de la crisis y la situación de Cuba durante ese momento. Me enteré que se trataba de un conflicto entre una serie de países muy poderosos, y que la Unión Soviética tenía un número de misiles nucleares destructivos para la defensa de la independencia de Cuba. Fue más tarde, cuando ya había crecido, que empecé a pensar en ello. No sé, solo era un niño y no sabía nada y mi madre no sabía tampoco muy bien, ya que era analfabeta, como mi padre.

¿Ha oído después lo que la gente pensaba en ese momento?

Parece como si nadie hubiera sabido nada en ese momento y se hubiese conocido más adelante. Los líderes sabían sobre ello, pero no la mayoría de la gente común, ya que era algo secreto. Más tarde supimos que la función de la base había sido defendernos si los enemigos hubieran lanzado un ataque contra Cuba, para tener todas las bases llenas de cohetes y otros tipos de armas nucleares.

¿Recuerdas algo más...? ¿Los rusos tenían problemas con el sol?

Sí, tenían problemas con el sol y llegaron a estar muy quemados. Tenían una piel muy clara, pero se les puso marrón. Ellos marchaban mucho y la mayoría de ellos no utilizaba ninguna camisa. Siempre fueron sin camisas, ya que no tenían miedo al frío; eran chicos jóvenes duros, no viejos ...

¿Recuerdas algo más que quieras decirnos?

Mmm...tengo que recordar, hace mucho tiempo. Hace más de 40 años, y yo tenía solo once años de edad. Fue durante mi infancia, esa edad en la que no importa nada.

Tamara Sánchez Valiente

En octubre de 1962, Tamara tenía 13 años de edad y vivió cerca de la base en Santa Cruz de Los Pinos.

(San Cristóbal 2015, Estrella González Noriega, Håkan Karlsson)

¿Qué recuerdas tú de la crisis?

Soy maestra licenciada en Educación Primaria, trabajé durante cincuenta años y ahora soy jubilada. Cuando la Crisis de Octubre, yo vivía en la zona que estaba pegada a la carretera al doblar, donde estaba el lugar de los procedimientos de los cohetes, por lo cual sentimos una noche que venía un ruido diferente por la carretera: era el zumbido de los camiones que se venían acercando, pasaron frente a la casa, alrededor de las 8:30 pm y las 9:00 pm. En el campo estábamos acostumbrados a acostarnos temprano ya que en esa época no había electricidad en las zonas rurales. Sentimos el ruido y detrás la curiosidad, luego supimos que eran rusos, pero no al principio.

Tocaban en las puertas de las casas y nos daban la orden de que nos alejáramos de los portales y que cerráramos el frente, todo eso era por señas. Las casas de los campesinos eran de madera y había rendijas, y desde ahí podíamos mirar lo que pasaba. Empezaron a pasar camiones grandísimos, lo que no era normal en aquel entonces en el país, arrastraban también lo que serían los cohetes. Para mí era como una palma muy grande ya que eran rastras muy largas en comparación con las rastras de transporte que transitaban normalmente por las calles de aquí. Yo tenía 13 años. Posteriormente, como a los dos días de estar ellos allí, pasé por el pueblo de Santa Cruz, y vi que faltaban dos columnas de lo que era un restaurante que había en la esquina. Me dijeron que al pasar los soviéticos por ahí se cayeron las columnas.

Posteriormente, como al tercer día, unos soviéticos venían poniendo el cable del teléfono por encima de todos los árboles, y al pasar cerca de mi casa, uno se acercó a pedir agua por señas, y mi mamá se dio cuenta ya de que era ruso. Nosotros habíamos comprado una cámara soviética de aquel tiempo, entonces ella salió con la camarita y le preguntó a él como funcionaba. Él le explicó a ella muy cortésmente, y no venía vestido de militar. El hombre era agradable y nos dio una gran impresión.

Luego se fue y como a los tres días pasó por ahí y saludó. Se llamaba Anatoli y con otro que andaba con él, iban de vez en cuando a la casa a saludarnos. A los quince días estando nosotros en el pueblo, en mi casa apareció un automóvil, y vimos que era el grupo de los rusos, que los habían dejado salir de la base. Llegaban a las tiendas a comprar, y si no les alcanzaba el dinero que traían, vendían los relojes o cualquier cosa que trajeran. Nosotros compramos dos de estos relojes, uno de oro que costó 50 pesos y otro que costó 30 pesos. Yo era muy chiquita, y el que me compraron a mí era plateado, y algo diferente a los de aquí: a mí me encantaba aquel relojito ruso.

Al pasar el tiempo y cuando los rusos se retiraron del lugar, creo que al principio no dejaban pasar a las personas a la base, pero cuando lo permitieron, creo que fuimos los primeros en pasar. Andábamos con unas primas mías de la Habana y tiramos varias fotos. Nos metíamos en las trincheras, que tenían troncos de pino arriba y césped sembrado; y dado que había trincheras, dedujimos que era un campo militar. Nosotros éramos un grupo de cinco o seis y recorrimos todo el lugar, le tiramos foto al mirador que ellos habían colocado como plataforma en un árbol. Después dejaron siete u ocho construcciones donde estaban los dormitorios, porque lo que se quedó fue el piso. Mi hermana se encontró un rollo de tercera dimensión, y yo me llevé para mi casa un cinturón soviético que lo usé muchos años. Para mí era una reliquia. Recogí también una bandejita, es decir, una fuentecita honda donde ellos comían los alimentos, y también un cubierto. Y se recogió una cantimplora que se usó durante treinta o cuarenta años en mi casa cuando íbamos a pescar.

Ahora bien, en la forma de comportarse en los pueblos, ellos eran muy respetuosos, pero chocaban las diferencias culturales. Ya que venían de un país frío, cuando se quitaban las botas se veía como tenían unas vendas en los pies, y cuando nosotros lo veíamos nos asombrábamos y decíamos: «Mira, no usan medias lo que usan son tiras». Por lo demás, eran personas que trataban de llevarse bien con la comunidad. Además, por aquella época la población temía a los bandidos (mercenarios pagados por Estados Unidos para efectuar atentados de terrorismo). Para mí, que era una niña, su presencia me tranquilizaba, pensaba que teníamos un brazo fuerte que nos iba a defender, que no estábamos solos, que los bandidos nos podrían atacar, pero que nosotros también les íbamos a hacer daño.

Juana Soler Medina

En octubre de 1962, era joven y vivió cerca de la base en Santa Cruz de los Pinos.

(Santa Cruz de los Pinos 2006, Estrella González Noriega, Kattis Hellberg)

¿Qué recuerdas tú de la base rusa que se encuentra aquí?

Recuerdo que en 1974 mi hijo y su amigo, un mulato que vivió con nosotros en ese tiempo, andaban para ver algunas gallinas hermosas que yo tenía y cuando andaban en el camino, de repente se encontraron un foso en el lado del camino lleno de agua y fango, y entonces el mulato vio un trozo de nailon en el foso y comenzó de excavarlo. Se retiraron a la casa y recogieron una azada, excavando más en el foso y arrancaron el trozo de nailon. Era nailon enrollado, y este rollo fue tan grande que yo pude hacer dos abrigos, uno para el niño y otro para el mulato, a ambos. También utilizamos este nailon como mantel para la mesa y como cortinas y otras cosas. Era un nailon muy fino y blando.

¿Tienes otras cosas que viste o encontraste?

Había una colina en el lado del camino con un gran árbol, una Ceiba, y en su tronco hubo un letrero con letras que yo no entendí. Todo el mundo dijo que eran letras rusas.

¿Cuándo existió la base, nunca te encontraste con algunos rusos?

Sí, llegaban a menudo... Pero he escuchado recuerdos de que los rusos intercambiaron botas y otras cosas, y que los rusos y los cubanos tenían lugares donde se intercambiaban las cosas por ron.

6

El uso de los sitios como patrimonio cultural

Imagen 74. Museo de San Cristóbal. Foto: Håkan Karlsson.

Durante la década que el proyecto ha trabajado, los museos regionales en Artemisa (Museo de San Cristóbal) y en Pinar del Rio (Museo de Los Palacios) han mostrado un interés cada vez mayor por los restos materiales e inmateriales de la Crisis de Octubre como un importante patrimonio cultural.

Museo de San Cristóbal

El museo tiene la historia del sitio de misiles como una parte importante de su exposición y se tiene también un plan ambicioso para el antiguo sitio de los misiles en Santa Cruz de los Pinos y para elevar la conciencia del sitio como un importante patrimonio cultural a nivel nacional e internacional.

Por ejemplo, hay una iniciativa de reutilización del sitio como un museo al aire libre, y como un monumento de paz, para propósitos educativos, turísticos y para un desarrollo local sostenible (Sajíon Sánchez y Lazcano Hernández, 2010; González Hernández *et al.*, 2015). Sin embargo, este plan requiere de recursos económicos, no solo cuando se trata de cuestiones sobre la infraestructura local, como la construcción de una carretera hasta el sitio. A pesar de las dificultades para recaudar los recursos económicos necesarios para esta parte del plan, el museo ha comenzado a recoger las diversas formas de material sobre el sitio. Un ejemplo lo constituyen las fotografías que muestran cubanos como turistas en la base abandonada en diciembre 1962.

Imagen 75. Visitantes a la exhibición de la crisis en el museo. Foto: Håkan Karlsson.

6. El uso de los sitios como patrimonio cultural - 133

Imagen 76. Parte de la exhibición. Foto: Håkan Karlsson.

Imagen 77. Visitantes turistas en la base de Santa Cruz de los Pinos en diciembre de 1962. Foto: Museo de San Cristóbal/Tamara Sánchez Valiente.

6. El uso de los sitios como patrimonio cultural - 135

Imagen 78. Un campesino hace de guía en el sitio de la base en Santa Cruz de los Pinos. Foto: Håkan Karlsson.

Al mismo tiempo, algunos de los campesinos locales que viven más cerca del sitio han sido educados para guiar a los visitantes y vigilar la zona. Hoy en día, más y más visitantes —en forma de turistas nacionales e internacionales, clases de las escuelas, periodistas y científicos— comienzan a llegar al sitio. Lo que significa que los campesinos locales y la sociedad local están más directamente involucrados con el sitio y la gestión del patrimonio cultural material que antes. El museo también ha creado una serie de paneles informativos en, y cerca de, las estructuras más importantes, como, por ejemplo, en el hangar y en una de las plataformas de lanzamiento (González Hernández et al., 2015).

Imagen 79. Un panel informativo en el hangar en Santa Cruz de los Pinos. Foto: Håkan Karlsson.

6. El uso de los sitios como patrimonio cultural - 137

El museo también ha organizado un taller anual donde el futuro del sitio es discutido; un taller que funciona como lugar de encuentro para los científicos y los habitantes locales (González Hernández *et al.*, 2015).

Museo de Los Palacios

Cuando el uso militar de la antigua base en El Cacho terminó en 2010, los oficiales locales en Los Palacios decidieron que la infraestructura existente se debería utilizar para construir un centro turístico de la naturaleza. En este contexto, el hangar ahora funciona, por ejemplo, como centro de reuniones y como comedor.

Imagen 80. El hangar en El Cacho como comedor. Foto: Håkan Karlsson.

Imagen 81. El hangar en El Cacho como centro de reuniones. Foto: Håkan Karlsson.

Ahora hay también un interés del Museo de Los Palacios en utilizar el hangar para crear una exposición sobre la Crisis de Octubre. Una exposición que, entre otras cosas, podría atraer turistas al centro de la naturaleza, y, de esta manera, construir un centro que combina el interés por la naturaleza y la cultura.

7

Conclusión

Imagen 82. Los restos del hangar en Santa Cruz de los Pinos como lugar de descanso. Foto: Håkan Karlsson.

Este libro ha presentado al lector una síntesis del trabajo realizado hasta ahora en el proyecto *Una crisis mundial desde abajo*, ya que el mismo todavía se encuentra en marcha, y la presentación de los resultados es solo preliminar. El libro ha dado información acerca de lo que todavía se puede encontrar en el suelo de los sitios de misiles; de qué manera se han reutilizado los restos materiales de las antiguas bases; qué recuerdos y narraciones guarda la gente y las sociedades locales en el campo y los pueblos cercanos a las bases de la crisis y los sitios de misiles; y cómo quieren los museos regionales dar un uso patrimonial a los sitios en el futuro.

Al principio del texto presenté dos preguntas, la primera de ellas fue: ¿Es posible complementar la «narrativa dominante» de la Crisis de Octubre, y llegar a nuevas formas de conocimiento sobre la misma con estudios de los restos materiales e inmateriales desde su campo de batalla en Cuba? Me gustaría decir que los restos materiales e inmateriales de la crisis (la cultura material, los objetos y sus historias de vida), y su reutilización junto con los recuerdos y narraciones presentados de la gente que experimentaron la crisis directamente en el campo cubano, y los esfuerzos de los museos locales con este patrimonio cultural han complementado y enriquecido la narrativa dominante de la crisis de diversas maneras. Sobre todo, porque estas fuentes presentan material y narraciones de pequeña escala de la crisis completamente diferentes a los de la narración dominante. Las historias no se narran en una perspectiva general sobre la crisis, su desarrollo y su dinámica interna o la estrategia militar en la Guerra Fría, sino opuesto por un punto de vista «desde abajo», local y material. De esta manera, las dimensiones descuidadas y reprimidas de la crisis son reveladas y destacadas. Estos restos materiales e inmateriales también pueden contribuir a nuevas formas de conocimiento sobre la crisis, ya que se permite la expresión «voces de bajos perfiles» y los recuerdos y narraciones «de abajo», que contribuyen con dimensiones más humanas al conocimiento de la crisis. Ejemplos de esta afirmación son la reutilización de los materiales de las bases de una manera en la que este material es una parte de la vida diaria de mucha gente. Sin embargo, el ejemplo más profundo de las dimensiones humanas se puede encontrar en los recuerdos y narraciones de la gente, porque demuestra que existieron contactos amables e intensos entre personas y comunidades cubanas con los soldados soviéticos en octubre de 1962, y en algunos casos incluso después de la crisis. Contactos donde personas de diferentes partes del mundo intercambiaron sus miedos, sus esperanzas y sus sueños respecto a su vida y el futuro.

También preguntamos: ¿De qué manera puede este material desafiar la «narrativa dominante»? La narración dominante no solo ha sido complementada, sino que también ha sido desafiada. Por ejemplo, por las historias de vida del hangar en El Cacho y las Marston-alfombras. Las historias de la vida de los objetos materiales que muestran los eventos históricos profundos, nunca son tan simples como las narraciones estereotípicas que a menudo nos obligan a creer. En este caso, hemos abordado restos materiales y sus historias de vida, que en parte cuenta otra historia sobre la Crisis de Octubre. Sobre todo, porque a pesar de que las dos superpotencias estuviesen en pie de guerra durante ese crucial mes de octubre, el material utilizado durante la crisis fue, al menos en parte (las Marston-alfombras), el resto de un tiempo en el que estas potencias habían sido aliadas en una guerra contra un enemigo común. También los recuerdos y narraciones que mantiene la gente en el campo cubano sobre la crisis, las bases y los soldados soviéticos no solo complementa la narrativa dominante de la crisis, ¡sino que la desafía! Siempre hay gente común y humilde detrás, y directamente involucrados, en los acontecimientos históricos. Esto implica que siempre hay dimensiones más complejas que se pueden encontrar más allá de la narrativa dominante de un acontecimiento histórico. En el caso de la Crisis de Octubre, estas complejidades pueden ser reveladas por los objetos materiales, los recuerdos y las narraciones de pequeña escala. ¡Esto significa que la arqueología y la antropología pueden reescribir la historia de la Crisis de Octubre! La narración dominante también puede ser complementada y desafiada por el hecho de que se comience a prestar más atención a otras voces, a través de los esfuerzos del proyecto y su interés en los restos materiales de la crisis. Voces de personas que presentan diversas historias «de abajo» sobre sus recuerdos y experiencias de la crisis.

En la secuela de la crisis, los objetos materiales se mezclan en el campo cubano de una manera donde se construye un paisaje palimpsesto intemporal y donde están cargados de nuevos significados y funciones. En este contexto influyen y son influenciados por la gente, no menos en el marco del proyecto presentado en este texto. Es obvio que los restos materiales de los sitios —encontrados durante las investigaciones del proyecto o reutilizados de varias maneras— fomentan y rescatan memorias. En este contexto, el trabajo arqueológico y antropólogo funciona también como una escena para diálogos y reflexiones existenciales. Tal vez el futuro de los restos materiales que aquí se presentan (al menos en lo que respecta al hangar) se encuentre dentro del marco del turismo cultural y de las dimensiones educativas que los responsables regionales quieren explorar. Por supuesto, hay un potencial económico en estos restos, ya que la gente de todo el mundo tiene recuerdos de la crisis y de este momento tan peligroso para la historia de la humanidad. Por lo tanto, es probable que muchas personas deseen ver los sitios que estaban en el ojo del huracán hace más de cincuenta años. Incluso si el futuro de los restos materiales se desarrolla en otras direcciones, uno puede estar convencido de que la vida del hangar y de las Marston-alfombras continuará en nuevos contextos. Nuevos contextos que se construirán, en parte, a través de su existencia material y por su interacción y coexistencia con seres humanos que no serán los mismos que actuaron en este campo de batalla de la Guerra Fría.

Bibliografía

Allen, H.C. (1955): *Britain and the United States*. New York: St. Martin's Press.

Allyn, B. J.; J. Bruce, J. G. Blight, y D. A. Welch, eds. (1992): *Back to the Brink: Proceedings of the Moscow Conference on the Cuban Missile Crisis*, January 27-28, 1989. Latham: University Press of America.

Benton, T. ed. (2010): *Understanding Heritage and Memory*. Manchester: Manchester University Press.

Biehl, P., D. Comer, C. Prescott y H.A. Soderland, eds. (2014): *Identity and Heritage. Contemporary Challenges in a Globalized World*. London: Springer.

Blight, J.G., D. Lewis y D.A. Welch, eds (1991): *Cuba between the Superpowers. The Antigua Conference on the Cuban Missile Crisis*. Providence, RI: Brown University.

Blight, J. G.; B. C. Allyn y D. A. Welch, eds. (1993): *Cuba on the Brink: Castro the Missile Crisis and the Soviet Collapse*. New York: Pantheon.

Bradley, R. y H. Williams, eds. (1998): «The Past in the Past. The Reuse of Ancient Monuments». *World Archaeology*, Vol. 39: 1.

Buchli, V. y G. Lucas, eds. (2001): *Archaeologies of the Contemporary Past*. London: Routledge.

Burström, M. (2010): *Samtidsarkeologi. En introduktion*. Lund: Studentlitteratur.

Burström, M.; A. Gustafsson y H. Karlsson (2011): *World Crisis in Ruin. The Archaeology of the Former Soviet Nuclear Missile Sites in Cuba.* Lindome: Bricoleur Press.

Burström, M.; T. Diez, E. González, A. Gustafsson, I. Hernández, G. Izquierdo, H. Karlsson, D. M. O'halloran, J. M. Pajón y R. Robiana (2006): *Reconocimiento Geodinámico y Arqueohistórico preliminar del área de emplazamiento de las unidades coheteriles Soviéticas grupo R-12 Santa Cruz de los Pinos, Pinar del Rio, Cuba, durante la crisis de octubre de 1962.* Centro de Antropología de Cuba. La Habana. (s/f).

Burström, M. y H. Karlsson (2008): «Världskris i ruin. Samtidsarkeologiska undersökningar av sovjetiska kärnvapenbaser på Kuba». I: Burström (ed.) Samtidsarkeologi. Varför gräva idet förflutna. Södertörn». *Archaeological Studies* 6, 41-48.

Burström, M., T. Acosta Diez, E. González, A. Gustafsson, I. Hernández, H. Karlsson, J.M. Pajón, R. Robaina y B. Westergaard (2009): «Memories of a world crisis. The Contemporary Archaeology of a Former Soviet Missile Site in Cuba». *Social Archaeology,* 295-318.

Burström, M., A. Gustafsson y H. Karlsson, (2013): «From Nuclear Missile Hangar to Pigsty. An archaeological photo-essay on the 1962 World Crisis». En Bergerbrandt, S. & S. Sabatini (eds) *Counterpoint: Essays in Archaeology and Heritage Studies in Honour of Professor Kristian Kristiansen.* Oxford, BAR International Series 2508, 733-738.

Carman, J. ed. (1997): *Material Harm: Archaeological studies of war and violence.* Glasgow: Cruithne Press.

Carman, J. y M. L. Stig-Sørensen, eds. (2009): *Heritage Studies: Methods and Approaches.* New York: Routledge.

Cayuela Fernández, J. G. (1993): *Bahía de Ultramar. España y Cuba en el siglo XIX. El control de las relaciones coloniales.* Madrid: Siglo XXI Editores.

Cohen, S. (1993): *The Forgotten War Volume Four. A Pictorial History of World War II in Alaska and Northwestern Canada*. Missoula: Pictorial Histories Publishing.

Cannon, J.L. (1979): *A History of the Waterways Experiment Station 1929-1979*. Vicksburg: U.S. Corps of Engineers.

Dawson, R.H. (1959): *The Decision to Aid Russia 1941. Foreign Policy and Domestic Politics*. Chapel Hill: University of North Carolina Press.

Diez Acosta, T. (1992). *Peligros y Principios*. La Habana: Ediciones Verde Olivo.

Diez Acosta, T. (1997): *La Crisis de los Misiles, 1962*. La Habana: Ediciones Verde Olivo.

Diez Acosta, T. (2002a): *Octubre de 1962, a un paso del holocausto*. La Habana: Editora Política.

Diez Acosta, T. (2002b): *In the Threshold of Nuclear War: The 1962 Missile Crisis*. La Habana: Editorial José Martí.

Diez Acosta, T. (2002c): *October 1962. The 'Missile' Crisis as seen from Cuba*. New York: Pathfinder.

Diez Acosta, T. (2014): *La Derrota de la Guerra Sucia*. La Habana: Prensa Latina.

Diez Acosta, T. (1991): *Informe sobre las regiones de emplazamiento de las unidades coheteriles estratégicas Soviéticas desplegadas en el territorio de la República de Cuba en el periodo de la crisis de octubre*. La Habana. (s/f).

Fursuenko, A. y T. J. Naftali (1997): *One Hell of a Gamble. Krushchev, Castro and Kennedy, 1958-1964*. New York: Norton.

Gabel, C. R. 1992. *The U.S. Army GHQ Maneuvers of 1941*. Washington: Center of Military History/United States Army.

Garthoff, R. L. (1987): *Reflections on the Cuban Missile Crisis*. Washington: Brookings.

González Hernández, F. A. Gustafsson y H. Karlsson (2015): «De crisis mundial hacia un desarrollo local. Breve informe de un proyecto de arqueología contemporánea sobre el patrimonio cultural de la antigua base de misiles nucleares soviéticos en Santa Cruz de los Pinos, Cuba». *Cuba Arqueológica*, Año VII, núm. 2, 2014, 19-28.

González Noriega, E., J. Iglesias Camargo, y H. Karlsson (en prensa): *Voces de una crisis mundial*. GOTARC Serie C. Arkeologiska skrifter, No. 80

González Ruibal, A. (2016): *Volver a las trincheras. Una arqueología de la Guerra Civil Española*. Madrid: Alianza Editorial.

Gribkov, A.I. & W.Y. Smith (1993): *Operation Anadyr. U.S. and Soviet Generals Recount the Cuban Missile Crisis*. Chicago: Edition Q.

Grundberg, J. (2004): *Historiebruk, globalisering och kulturarvsförvaltning. Utveckling eller konflikt?* Göteborg: Göteborgs universitet /ETOUR.

Gurney, G. (1962): *The War in the Air. A pictorial history of World War II Air Forces in Combat*. New York: Bonanza Books.

Gustafsson, A. y H. Karlsson (2004a): *Plats på scen. Kring presentation och förmedling av fasta fornlämningar i Bohuslän genom tiderna*. Uddevalla: Bohusläns museum/ Riksantikvarieämbetet.

Gustafsson, A y H. Karlsson (2004b): *Kulturarv som samhällsdialog*. Stockholm: Riksantikvarieämbetet.

Gustafsson, A. y H. Karlsson, (2015): «La autenticidad en la práctica. Ejemplos desde ocho sitios con arte rupestre clasificados como patrimonio mundial». *PH Investigación*, no. 5. Diciembre 2015, 25-43.

Gustafsson, A., J. Iglesias Camargo, H. Karlsson y G.M. Miranda González. (2016): «Från Krementjuk till Los Palacios. Materiella livshistorier från Missilkrisen (1962) och de före detta Sovjetiska kärnvapenbaserna på Kuba». *Primitive Tider*. Vol. 18. 169-189.

Gustafsson, A., J. Iglesias Camargo, H. Karlsson y G.M. Miranda González (en prensa): «Material Life Histories of the Missile Crisis (1962).

Cuban examples of a Soviet nuclear missile hangar and US Marston mats». *Contemporary Archaeology.*

Hanson, T. A. (2016): *The Archaeology of the Cold War.* Gainesville: University Press of Florida.

Harrison, R. ed. (2010): *Understanding the politics of heritage.* Manchester: Manchester University Press.

Harrison, R. (2013): *Heritage. Critical Approaches.* London: Routledge.

Herring Jr. G.C. (1973): *Aid to Russia 1941-1946. Strategy, Diplomacy, the Origins of the Cold War.* New York: Colombia University Press.

Holtorf, C. (2002): «Notes on the Life History of a Pot Sherd». *Journal of Material Culture*, Vol. 7 (1), 49-71.

Holtorf, C. (2005): *From Stonehenge to Las Vegas. Archaeology as popular culture.* Lanham: Altamira Press.

Holtorf, C. (2013): «On Pastness. A Reconsideration of Materiality in Archaeological Object Authenticity». *Anthropoloigical Quartely.* 86, 427-444.

Holtorf, C. y A. Piccini, eds. (2009): *Contemporary Archaeology: Excavating Now.* Cambridge: University of Cambridge Press.

Holtorf, C. y T. Schadla-Hall. 1999. «Age as Artefact. On Archaeological Authenticity». *European Journal of Archaeology*, Vol. 2, 229-247.

Iglesias Camargo, J., G.M. Miranda González y H. Karlsson (en prensa): «Un hangar para misiles nucleares reutilizado como casa de viviendo, almacén y comedor. Nuevos descubrimientos arqueológicos y antropológicos en las antiguas bases de misiles nucleares soviéticos en Los Palacios, Cuba». *Cuba Arqueológica.*

Jiménez Gómez, R. (2015): *En Octubre del 1962. Cohetes nucleares en el Caribe.* La Habana: Verde Olivo.

Jones, S. (2010): «Negotiating Authentic Objects and Authentic Selves Beyond the Deconstruction of Authenticity». *Journal of Material Culture.* Vol. 15 (2), 181-203.

Karlsson, H. (2008): *Ekornavallen. Mellan mångtydighet, demokrati och etnografi.* Lindome: Bricoleur Press.

Kemp, P. (2004): *Drama in Arctic Waters.* Minneapolis: Minnesota Book Sales Inc.

Kennedy, R.F. (1969): *Thirteen Days. A Memoir of the Cuban Missile Crisis.* New York: The New American Library.

Kopytoff, I. (1986): «The Cultural Biography of Things. Comoditization as Process». Appadurai, A. (ed.). *The Social Life of Things. Comodities in Cultural Perspective,* 64-91. Cambridge: Polity Press.

Landa, C. y O. Hernández de Lara eds. (2014): *Sobre Campos de Batalla: Arqueología de Conflictos Bélicos en América Latina.* Buenos Aires: Aspha Ediciones.

Marshall, Y. y C. Gosden, eds. (1999): «The Cultural Biography of Objects». *World Archaeology,* Vol. 39:2

Lechuga, C. (1995): *En el ojo de la Tormenta.* Ocean Press, Sydney.

Lowenthal, D. (1985): *The past is a foreign country.* Cambridge: Cambridge University Press.

Lowenthal, D. (1998): *The heritage crusade and the spoils of history.* Cambridge: Cambridge University Press.

Marshall, Y. (2002): «What is community archaeology?». *World Archaeology,* 34 (2), 211- 219.

May, E. R. y P. D. Zelikow, eds. (1997): *The Kennedy Tapes: Inside the White House During the Cuban Missile Crisis.* NewYork & London: Norton..

Mola, R. (2014): «These Portable Runways helped Win the War in the Pacific». *Air and Space Magazine.* www.airspacemag.com/multimedia/these-portable-runways-helped-win-the-war-pacific-180951234/?no-ist (2016-02-10)

Moschenska, G. y S. Dhanjal, eds. (2012): *Community archaeology. Themes, methods and practices.* Oxford: Oxbow.

Persson, M. (2014): *Minnen från vår samtid. Arkeologi, materialitet och samtidshistoria*. Gotarc Serie B. Gothenburg Archaeological Theses 62. Dept. of Historical Studies: Gothenburg.

Pyburn, K. A. (2009): «Practicing Archaeology. As If It Really Matters». *Public Archaeology* (8) 2-3, 161-175.

Robinson, M. P. (1996): «Shampoo archaeology. Towards a Participatory Action Research in Civil Society». *The Canadian Journal of Native Studies* XVI, 1, 125-138.

Sajión Sánchez, M. I. y P. F. Lazcano Hernández (2010): *Autogestión comunitaria en la conservación del patrimonio, amenazado por la actividad del hombre, en la localidad de Aspiro*. San Cristóbal, Universidad de Pinar del Río y Centro Universitario Municipal San Cristóbal.

Saunders, N. ed. (2004): *Matters of Conflict: Material culture, memory and the First World War*. London: Routledge.

Schofield, J. y W. D. Cocroft, eds. (2007): *A Fearsome Heritage. The diverse legacies of the Cold War*. Lanham: Left Coast Press.

Shanks, M. (1998): «The Life of an Artefact in Interpretative Archaeology». *Fennoscandia Archaeologica* 15, 15-42.

Shriver, M. (1993): *Misiles en el Caribe. Entrevista a Fidel Castro por María Shriver de NBC*. La Habana: Editoria Política.

Skeates, R., C. Mc David, y J. Carman (2012): *The Oxford Handbook of Public Archaeology*. Oxford: Oxford University Press.

Smith, L. (2004): *Archaeological Theory and the Politics of Cultural Heritage*. London: Routledge.

Smith, L. (2006): *Uses of Heritage*. London: Routledge.

Trask, D.F. (1996): *The war with Spain in 1898*. London/New York: The University of Nebraska Press.

U.S. Department of State, *Bulletin*, Volume XLVII, No. 1220, 737-740.

Weeks, A. L. (2004): *Russia's Life-Saver. Lend-Lease Aid to the U.S.S.R. in World War II*. Lanham: Lexington.

Fuentes orales

Rosando Díaz, entrevista, octubre 2016.
Tomás Diez Acosta, entrevista, octubre 2016.
Esteban de la Torre Acosta, entrevista, octubre 2016.
Ruben Jiménez Gómez, entrevista, octubre 2015.